DE L'AMORTISSEMENT

DES

OBLIGATIONS DE CHEMINS DE FER

CORBEIL. — TYPOGRAPHIE ET STÉRÉOTYPIE DE CRÉTÉ.

AMORTISSEMENT

DES

OBLIGATIONS DE CHEMINS DE FER

ET

VALEUR DE LA PRIME DE REMBOURSEMENT D'UNE OBLIGATION

PAR A. CLARINVAL

CAPITAINE D'ÉTAT-MAJOR

PROFESSEUR A L'ÉCOLE IMPÉRIALE D'APPLICATION D'ÉTAT-MAJOR.

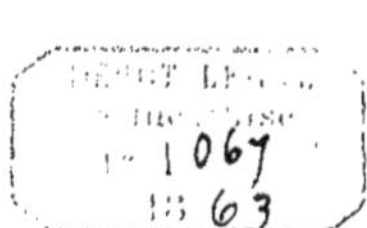

PARIS

LIBRAIRIE SCIENTIFIQUE, INDUSTRIELLE ET AGRICOLE

EUGÈNE LACROIX, ÉDITEUR

LIBRAIRE DE LA SOCIÉTÉ DES INGÉNIEURS CIVILS

15, QUAI MALAQUAIS

—

1863

DE L'AMORTISSEMENT

DES

OBLIGATIONS DE CHEMINS DE FER

PREMIÈRE PARTIE

INTRODUCTION

1° Généralités.

Depuis quelques années on donne un tel développement aux emprunts par obligations, qu'il est du plus haut intérêt d'en étudier l'économie.

Les compagnies des chemins de fer, principalement, ont recours à l'emprunt, pour se procurer le complément des capitaux nécessaires à l'exécution de leurs réseaux; elles émettent, à cet effet, des obligations produisant un revenu fixe et remboursables à l'aide d'annuités réparties sur une période qui n'excède pas 99 années.

Le placement sur obligations présente de grandes conditions de sécurité, puisqu'il offre pour garanties, soit l'actif social d'une compagnie de chemins de fer, soit les revenus d'une ville, ou même ceux d'un État. De plus, il réunit à l'avantage d'un revenu fixe et assuré, la perspective d'un accroissement de capital provenant de la prime de remboursement.

La prime de remboursement est la différence entre le prix d'émission, ou le prix d'achat, et le chiffre auquel le titre doit être remboursé.

Un exemple précisera le but que je me propose dans cette étude.

Supposons qu'il s'agisse d'une obligation produisant 15 fr. d'intérêt et remboursable à 500 fr. dans un délai de 99 années; celui qui la paye 300 fr. a donc un intérêt de 5 p. 100 de son capital, de plus, il court la chance d'être remboursé à 500 fr. dans un avenir prochain, c'est-à-dire de toucher une prime de 200 fr. Indépendamment du revenu fixe de son capital d'achat, il a donc un véritable billet de loterie de 200 fr., billet appelé à sortir de l'urne à l'un ou à l'autre des 99 tirages de l'amortissement.

Quelle est la valeur actuelle de ce billet de loterie? quel est l'escompte de cette promesse de 200 fr. payable à une échéance indéterminée, échéance qui ne peut dépasser cependant la limite extrême de 99 ans?

Telle est la question que je me propose de résoudre d'une manière générale; sa solution nous conduira à d'autres problèmes concernant l'appréciation mathématique des conditions d'amortissement des obligations.

Pour venir en aide aux lecteurs peu familiarisés ou brouillés avec le calcul, j'ai reporté dans les notes de la seconde partie tout ce qui n'est pas indispensable à l'intelligence et à l'emploi des tables qui font l'objet principal de ce travail.

2° Du taux réel et du taux nominal d'une obligation.

Dans un emprunt par obligations il faut considérer le *taux réel* et le *taux nominal.*

Le taux réel dépend du chiffre du revenu annuel et du prix coûtant de l'obligation. Ce taux soumis à toutes les fluctuations des prix est donc essentiellement variable. Nous verrons bientôt que, pour un prix d'achat donné, il peut avoir deux valeurs, selon que l'on tient compte de la valeur vénale des chances de l'amortissement ou selon qu'on la néglige.

Le taux nominal, lui, est invariable, c'est le quotient du chiffre du revenu, par le chiffre auquel l'obligation doit être remboursée.

Relativement à leur taux nominal, on peut classer en quatre catégories les 12 à 13 millions d'obligations négociables à la bourse de Paris.

La *première*, comprenant plus de 12 millions et demi de titres, est formée par les obligations dites 3 p. 100 donnant 15 fr. d'intérêt et remboursables à 500 fr.; leur taux nominal est

$$\frac{15}{500} = 0{,}03, \text{ ou } 3\,\%.$$

La *deuxième catégorie*, composée en majeure partie des anciens emprunts de nos compagnies de chemins de fer, renferme des obligations produisant 20 fr., 25 fr. et 50 fr. d'intérêt; elles sont remboursables à 500, 625 et 1250 fr. : leur taux nominal est

$$\frac{20}{500} = \frac{25}{625} = \frac{50}{1250} = 0{,}04, \text{ ou } 4\,\%.$$

Troisième catégorie. La compagnie de l'Est est la seule qui se soit placée en dehors de ces traditions, en émettant des obligations remboursables à 650 fr. dont le revenu annuel est de 25 fr.; leur taux nominal est

$$\frac{25}{650} = 0,03846154.$$

Plusieurs obligations de ces deux dernières catégories ont été improprement désignées sous la dénomination d'obligations 5 p. 100. Cela tient à ce que les compagnies comptaient la prime en dehors du capital nominal; pour elles, l'obligation était créée au capital nominal de 1000 fr. par exemple, rapportant 5 p. 100, soit 50 fr. d'intérêt, et remboursable à 1250 fr., dont 250 francs de prime.

Nous laisserons de côté ces distinctions plus subtiles que sérieuses et abandonnées aujourd'hui par toutes les compagnies. Il est pour ainsi dire de règle maintenant, de prendre la prime en dedans du capital nominal, c'est-à-dire que l'on crée, par exemple, des obligations de 500 fr. rapportant 3 p. 100 d'intérêt, mais on les émet à un prix inférieur au pair, qui représente du 5, du 5 et demi ou du 6 p. 100.

Quatrième catégorie. Deux entreprises industrielles ont obtenu la cote à la bourse d'obligations remboursables à 500 fr. et rapportant 25 fr. d'intérêt; leur taux nominal est

$$\frac{25}{500} = 0,05, \text{ ou } 5\ \%.$$

Voir le tableau A.

3° Loi d'amortissement des obligations remboursables par annuités constantes.

Toutes les entreprises publiques qui ont contracté des emprunts par obligations, ont adopté, pour l'amortissement de leur dette, le principe des annuités constantes, présentant l'avantage d'une égale répartition des charges d'un emprunt sur chacune des années de l'amortissement.

L'annuité, qu'il est facile de calculer, sert :

1° A payer l'intérêt fixe et invariable de chaque obligation ;

2° A amortir chaque année une partie du capital emprunté, en remboursant, au prix convenu, un certain nombre d'obligations désignées par le sort.

En conséquence, des tableaux d'amortissement sont dressés à l'avance pour indiquer combien de titres devront sortir chaque année.

A l'inspection de ces tableaux, inscrits en général au dos de chaque titre, on peut faire les remarques suivantes :

1° La somme consacrée annuellement au service de l'emprunt, c'est-à-dire l'annuité, est à très-peu de chose près constante.

2° Cette annuité solde les intérêts des obligations non amorties et rembourse un certain nombre d'obligations.

3° Le chiffre consacré au service de l'intérêt va en diminuant, tandis que la somme réservée pour l'amortissement s'accroît avec le nombre des années.

Le calcul fait voir, en effet (*), que les nombres d'obligations à amortir tous les ans doivent former une progression géométrique dont la raison est l'unité augmentée du taux nominal, et, que le nombre des termes de cette progression est le même que celui des annuités : leur somme du reste doit être égale au nombre d'obligations émises.

On calculera facilement une semblable progression ; mais on comprend que les termes donnés par le calcul seront la plupart du temps des nombres fractionnaires : or, comme il y a nécessité ici de n'amortir que des nombres entiers d'obligations, on cherchera une succession de termes qui s'éloigne aussi peu que possible de la progression calculée, en ayant soin surtout, que la somme de ces termes soit précisément égale au nombre d'obligations de l'emprunt.

Ces légers écarts seront la cause de la non-égalité parfaite entre les annuités; mais les différences sont si peu importantes, en comparaison du chiffre même de l'annuité, qu'elles ne nuisent en rien aux considérations théoriques qui seront développées plus loin.

La loi d'amortissement, véritable loi de mortalité des obligations, est donc celle-ci : *Les nombres d'obligations amorties chaque année sont entre eux dans un rapport constant, qui est le même pour toutes les obligations de même taux nominal.* Il nous sera donc possible de comprendre toutes les obligations de même taux nominal dans un même calcul.

4° De la valeur moyenne d'une prime d'obligation remboursable par annuités.

Pour ramener la question à sa plus simple expression, nous supposons qu'un seul capitaliste souscrive toutes les obligations d'un emprunt. Pour ce capitaliste rien n'est livré au hasard, les chances de la loterie se changent en certitudes; tous les ans, il lui sera remboursé un nombre déterminé d'obligations à un prix supérieur au prix d'émission. Cette espérance des remboursements annuels constitue un bénéfice qui, comme toute promesse de payement, peut s'escompter, c'est-à-dire être ramené à sa valeur actuelle. Si donc on escompte à un taux donné la somme à recevoir en prime dans un an, la somme à recevoir

(*) Voir la note II, p. 39.

dans deux ans, et ainsi de suite jusqu'au dernier remboursement, et que l'on fasse la somme de tous ces escomptes partiels, on aura l'escompte du bénéfice total recueilli par le souscripteur unique de l'emprunt (escompte calculé au taux donné).

Si le souscripteur dont il est question veut se rendre compte du bénéfice moyen que lui procure une obligation, il raisonnera ainsi : « Si cent mille obligations me procurent par « leur remboursement avec prime un bénéfice dont l'escompte à 5 p. 100 vaut aujour- « d'hui 1,500,000 fr., chaque obligation me représente un bénéfice moyen de 15 fr. »

« Or, comme tous les numéros d'obligations sont appelés indistinctement à jouir des « bénéfices des tirages, la probabilité de sortir est la même pour chacun d'eux, et le prix « le plus équitable que je dois attacher à l'espérance du remboursement d'une obligation « est précisément cette valeur moyenne de 15 fr. »

Si l'on remplace le souscripteur unique par le public, il n'y aura rien à changer au raisonnement précédent; et le public devra attribuer à l'espérance du remboursement, attachée à un numéro quelconque d'obligation, la valeur moyenne du bénéfice constitué à la totalité des titres.

Ici nous ferons une remarque, c'est que nous sommes conduits à estimer l'espérance du remboursement comme nous estimons la valeur d'un billet de loterie, en divisant le lot à gagner par le nombre de numéros admis au tirage. Mais il y a une différence essentielle entre une loterie ordinaire et les tirages annuels d'un amortissement d'obligations : dans le premier cas, le sort désigne un ou plusieurs numéros gagnants, et les autres perdent immédiatement toute espèce de valeur; tandis que, dans le second cas, le tirage n'enlève pas toute valeur à l'espérance de la prime d'une obligation non sortie ; le sort n'intervient ici que pour désigner l'époque du remboursement de chaque numéro, tous les numéros étant appelés infailliblement à sortir de l'urne un jour ou l'autre.

C'est cette certitude d'un remboursement futur qui nous oblige à introduire un élément négligé dans les loteries; cet élément est le taux de l'escompte servant à fixer la valeur des différentes échéances (*).

Nous avons vu, dans le paragraphe précédent, que toutes les obligations de même taux nominal ont la même loi d'amortissement (de mortalité, si l'on veut); le calcul de la note III démontre que : *la valeur de la prime ne dépend ni du nombre d'obligations émises ni de celui d'obligations déjà remboursées*. Cette valeur, la veille d'un tirage, par exemple, *dépend uniquement du taux de l'escompte et du nombre d'annuités restant à solder pour*

(*) *Deuxième remarque*, p. 32.

compléter l'amortissement, quel que soit d'ailleurs le nombre d'annuités précédemment remboursées au public.

Il résulte de là qu'un seul tableau contiendra tout ce qui est relatif aux obligations de même taux nominal.

Nous découvrons encore ici une analogie entre la valeur moyenne d'une prime de remboursement payable à une échéance indéterminée, mais comprise dans les limites de l'amortissement, et l'escompte d'une promesse de payement à échéance fixe : les valeurs actuelles de ces deux promesses, à un taux donné, dépendent seulement de la durée de l'attente du remboursement certain. La valeur moyenne tient donc compte du double caractère que présente une prime comme billet de loterie, devant certainement un jour ou l'autre devenir un billet gagnant.

OBLIGATIONS TROIS POUR CENT

1° Explication de la table I.

Les obligations 3 p. 100 négociables à la bourse de Paris représentent un capital dix fois plus considérable que toutes les autres obligations prises ensemble, en y comprenant même les obligations du Trésor (dites trentenaires). De plus, leur nombre s'accroît tous les jours par les nouvelles émissions qui se font exclusivement au taux nominal de 3 p. 100. Aussi ai-je donné un grand développement à la table qui les concerne.

La table I donne les valeurs moyennes, *la veille du tirage*, à différents taux, d'une prime de 100 *francs* d'une obligation 3 p. 100 amortissable en un nombre d'années compris entre 1 et 100. Cette table contient cent colonnes portant les titres : $n=1$, $n=2$, et ainsi de suite jusqu'à $n=100$, qui expriment le nombre d'annuités de l'emprunt, ou celui des annuités restant à solder pour en compléter l'amortissement. Chaque colonne renferme trente et un nombres indiquant la valeur moyenne de la prime aux différents taux inscrits sur la même ligne horizontale ; ces taux varient entre eux de $\frac{1}{10}$ p. 100 et sont compris entre 4 et 7 p. 100.

2° Observations générales sur la table I.

Première remarque : Les escomptes sont calculés pour la veille des tirages, en supposant que *le remboursement est effectué aussitôt après le tirage* ; mais, généralement, ce remboursement n'a lieu que six mois plus tard. Quand on voudra tenir compte de la petite différence apportée par ce délai à la valeur moyenne donnée par les tables, il faudra l'escompter comme si le tirage était reculé de six mois (délai habituel du remboursement). Le lecteur verra plus loin un exemple de ce calcul (*).

Deuxième remarque. Dans un amortissement par annuités, on rembourse la dernière année toutes les obligations qui ne sont pas sorties au dernier tirage (celui qui a eu lieu l'année précédente). Il n'y a donc plus de chances aléatoires; chaque titre, au contraire, devant être remboursé, devient un véritable billet à ordre qui, la veille du payement, vaut la somme à toucher le lendemain. Donc, la prime de 100 fr. la veille du remboursement de la dernière annuité vaut 100 fr. Tous les nombres de la colonne ($n = 1$) sont donc égaux entre eux, quel que soit le taux de l'escompte, et égaux à 100 fr. La colonne ($n = 2$) donne la valeur moyenne d'une prime de 100 fr. qui n'a plus que deux annuités à courir, c'est-à-dire la veille du dernier tirage. Ce dernier tirage partage les obligations en deux séries : la première qui doit être remboursée de suite (**), la seconde qui le sera dans un an. La prime de 100 francs d'une obligation de la 1re série vaut 100 fr.; la même prime d'une obligation de la 2e série vaut l'escompte de 100 fr. payables dans un an. Donc la valeur moyenne de la prime de 100 francs, la veille du tirage de l'avant-dernière annuité, sera comprise entre 100 fr., et l'escompte de 100 fr. payables dans un an.

Les colonnes ($n = 3$), ($n = 4$) et ($n = 100$) renferment des résultats analogues à ceux de la colonne ($n = 2$).

On remarquera que la valeur moyenne de la prime de 100 fr. décroît rapidement lorsque le nombre d'annuités augmente : cela se comprend; d'abord la fraction de l'emprunt (ou la fraction des obligations non amorties) remboursée chaque année est d'autant plus petite que le nombre d'annuités de l'emprunt (ou le nombre d'annuités restant à courir) est plus considérable; ensuite les promesses de remboursement ont une valeur d'autant plus faible que les échéances sont plus éloignées.

Dans une colonne quelconque, la valeur de la prime est d'autant moindre que le taux de l'escompte est plus élevé.

Enfin on remarque que l'influence du taux sur l'escompte de la prime diminue quand le nombre d'annuités augmente, c'est-à-dire que la dépréciation augmente moins avec le taux lorsqu'il y a un nombre considérable d'annuités, que lorsqu'il en reste peu à solder; ici encore le calcul confirme le simple raisonnement qui dit que moins on a de chances de recueillir un bénéfice, moins il importe d'adopter tel ou tel taux pour en préciser la valeur.

(*) *Troisième problème*, p. 9.
(**) D'après notre supposition, voir la *remarque précédente*.

PREMIER PROBLÈME

Trouver la valeur moyenne d'une prime de 100 fr., d'une obligation 3 p. 100, escomptée la veille du tirage à un taux donné, lorsque l'obligation est remboursable en n annuités ou, ce qui revient au même, lorsqu'il reste n annuités pour le complet amortissement de l'emprunt dont elle fait partie.

Il peut se présenter trois cas :

1° Le taux donné sera un de ceux de la table I ;

2° Le taux sera compris entre 4 et 7 p. 100 sans être un de ceux de la table I ;

3° Il sera plus faible que 4 ou plus fort que 7 p. 100.

Pour ce dernier cas voir le calcul de la page 46.

1er Cas. Escompte à 5 $\frac{1}{2}$ p. 100 de la prime de 100 fr. d'une obligation 3 p. 100 remboursable en 92 annuités.

On trouve, table I, colonne ($n = 92$) sur la ligne 5,5, le nombre 7f,950 qui donne la valeur cherchée.

2e Cas. Escompte de la même prime, dans les mêmes conditions d'amortissement, mais au taux de 5 $\frac{3}{8}$ p. 100 ou 5,375 p. 100. On trouve dans la même colonne vis-à-vis de

5,3............ 8f,422

et vis-à-vis de

5,4............ 8f,180

Donc, pour une augmentation de $\frac{1}{10}$ p. 100 dans le taux, l'escompte de la prime diminue de 0f,242. Les taux des escomptes de la table I sont assez rapprochés l'un de l'autre pour que l'on puisse faire le raisonnement suivant : pour une augmentation 100 fois plus petite, c'est-à-dire de 0,001 p. 100 dans le taux, on aurait une diminution 100 fois plus petite ou de 0f,00242 ; donc l'augmentation de 0,075 p. 100 donnera une diminution égale au produit de

$$0^f,00242 \times 75 = 0^f,1815 \quad \text{ou} \quad 0^f,182$$

(en ne conservant que 3 décimales, et en forçant le dernier chiffre lorsque la décimale suivante est 5 ou plus grande que 5).

L'escompte à 5,375 p. 100 d'une prime de 100 fr. amortissable en 92 annuités est donc de

$$8^f,422 - 0^f,182 = 8^f,240.$$

DEUXIÈME PROBLÈME

Quelle est la valeur moyenne d'une prime de 220 fr. 15 c. d'une obligation 3 p. 100 escomptée la veille du tirage, lorsqu'il reste 92 annuités à solder pour compléter l'amortissement; le taux de l'escompte étant 5,36 p. 100?

On trouverait, d'après ce qui précède, que l'escompte d'une prime de 100 fr. au taux de 5,36 p. 100 est de $8^f,277$; la prime de $220^f,15$ vaudra donc :

$$2,2015 \times 8^f,277 = 18^f,22$$

(en négligeant les fractions de centimes).

TROISIÈME PROBLÈME

On demande la valeur actuelle de la prime de remboursement d'une obligation escomptée à une autre époque que la veille du tirage?

Supposons qu'il s'agisse de la prime dont la valeur à 5,36 p. 100, calculée dans l'exemple précédent, est de $18^f,22$ la veille du tirage.

Si ce tirage n'a lieu qu'au bout d'un certain nombre de mois, la valeur actuelle de cette prime sera l'escompte à 5,36 p. 100 de $18^f,22$ payables au bout du même nombre de mois.

Remarque. Ce principe est applicable à l'escompte des primes des obligations de tous les taux nominaux.

Pour faciliter le calcul, j'ai construit deux tables à l'aide desquelles on pourra calculer cet escompte avec une approximation suffisante.

La table X donne la valeur actuelle de *un franc* payable au bout d'un nombre entier de mois, à tous les taux compris entre 4 et 7 p. 100 inclusivement, et variant entre eux de $\frac{1}{10}$ p. 100.

La table XI donne l'escompte de *un franc* aux taux ci-dessus, payable dans un nombre entier d'années, compris entre *un* et *six* seulement, car les compagnies ne laissent jamais un plus long délai entre la date de l'émission de l'emprunt et l'époque du premier tirage de l'amortissement.

Les tables X et XI serviront du reste à escompter toute somme payable dans un délai n'excédant pas sept ans, et se composant d'un nombre entier de mois.

Le délai pouvant se composer d'un nombre entier ou fractionnaire d'années, nous aurons à considérer trois cas.

1er Cas : Le tirage aura lieu dans une fraction d'année, exprimée par un nombre entier de mois.

Exemple. On demande la valeur moyenne à 5,36 p. 100 d'une prime d'obligation 3 p. 100 de 220f,15 remboursable en 92 annuités; le premier tirage ayant lieu dans 5 mois.

Nous avons trouvé plus haut que cette prime vaut 18 fr. 22 c. la veille du tirage, lorsqu'il reste 89 annuités à solder.

5 mois avant cette époque elle vaudra l'escompte à 5,39 p. 100 de 18f,22 payables dans 5 mois.

On trouve table X (colonne 5 mois, ligne 5,3) que 1 fr. vaut, 5 mois avant l'échéance,

à 5,3 %..........	0f,979
et à 5,4 %..........	0f,978
Différence pour 0,1 %..	0f,001

Pour 0,06 % la différence sera 0f,0006, ou 0f,001

Donc la valeur de 1 franc payable dans 5 mois et à 5,36 p. 100, est de 0f,979 — 0f,001 = 0f,978; d'où la valeur de la prime ci-dessus est de 18,22 × 0f,978, ou en mettant en évidence les trois facteurs de cette prime P :

$$P = 2,2015 \times 8^f,277 \times 0,978 = 17^f,82.$$

2e Cas : Les tirages commencent dans un nombre entier d'années.

Exemple. Considérons la même prime, le tirage ayant lieu dans 3 ans.

La veille du tirage, elle vaudra 18f,22 = 2,2015 × 8f,277.

Aujourd'hui elle vaut l'escompte à 5,36 p. 100 de 18f,22 payables dans 3 ans.

La table XI donne (colonne 3, lignes 5,3 et 5,4 p. 100) les valeurs de 1 fr.,

à	5,3 % = 0f,856
et à	5,4 % = 0f,854
Différence pour..........	0,1 % = 0f,002
— pour..........	0,6 % = 0f,001
La valeur de 1 fr. à......	5,36 % = 0f,856 — 0f,001 = 0f,855

et la valeur actuelle de la prime sera, en mettant en évidence tous les facteurs du produit:

$$P' = 2,2015 \times 8^f,277 \times 0,855 = 15^f,58.$$

3e Cas : Les tirages commencent dans un nombre fractionnaire d'années.

Exemple. Considérons encore la prime ci-dessus et cherchons sa valeur actuelle, en admettant que le tirage ait lieu dans 3 ans et 5 mois.

La valeur cherchée sera l'escompte à 5 mois, de l'escompte à 3 ans, de la valeur de la prime, la veille du tirage.

Si nous conservons les mêmes données on voit qu'elle sera :

$$P'' = 2,2015 \times 8^f,277 \times 0,855 \times 0,978 = 15^f,24.$$

Résumé. La prime de 220f,15 d'une obligation 3 p. 100 vaut :

La veille du tirage de l'annuité, n° 89..	18f,22
5 mois avant le tirage................	17 ,82
3 ans avant le tirage.................	15 ,58
3 ans 5 mois avant le tirage..........	15 ,24

QUATRIÈME PROBLÈME

Quelle est la valeur *à tant pour cent*, la veille du tirage, d'une obligation 3 p. 100, remboursable en 92 annuités, en tenant compte de la valeur moyenne de la prime.

Il pourra se présenter deux cas :

1° Le taux sera compris dans les limites des taux calculés de la table I ;

2° Le taux sera en dehors de ces limites.

Dans ce dernier cas on calculera l'escompte de la prime directement, en appliquant la formule générale comme dans l'exemple de la page 46, 2e partie.

1er Cas. Soit 5,36 p. 100 le taux proposé.

Solution. Le capital qui, placé à 5,36 p.100 donne 15 fr. d'intérêt annuel s'obtient en divisant 15 par 0,0536; le quotient est de279 fr. 85 c.

La prime de remboursement, résultant de la différence entre le capital de remboursement et la capitalisation du revenu, sera :

$$500^f - 279^f,85 = 220^f,15.$$

L'escompte de cette prime à 5,36 p. 100, la veille du tirage, est :

$$2,2015 \times 8^f,277 = 18^f,22. \quad \text{(2e prob., p. 9.)}$$

La valeur totale de l'obligation est la somme de ces deux quantités :

$$279^f,85 + 18^f,22 = 298^f,07.$$

Le capitaliste, ou l'établissement financier, qui souscrirait toutes les obligations d'un emprunt dans ces conditions, au prix moyen de 298f,07, placerait ses capitaux à 5,36 p. 100 par an.

De même, la compagnie de chemin de fer qui émettrait, la veille du tirage, un emprunt à ce prix moyen de 298 fr. 07 c. ferait un emprunt à 5,36 p. 100 l'an.

CINQUIÈME PROBLÈME

Quelle est la valeur à 5,36 p. 100, en tenant compte de la prime de remboursement, d'une obligation 3 p. 100 remboursable à 500 fr. en 92 annuités, les tirages ne devant commencer qu'au bout d'un certain temps?

Le calcul ne diffère du précédent que par la manière de calculer l'escompte de la prime, car la capitalisation du revenu à 5,36 p. 100 sera la même que celle que nous venons de déterminer : 279 fr. 85 c.

Prenons comme exemple les trois cas étudiés au troisième Problème ; nous verrons que la valeur de l'obligation ci-dessus sera à 5,36 p. 100 :

1° 5 mois avant le tirage..............	279f,85 + 17f,82 = 297f,67
2° 3 ans avant le tirage................	279 ,85 + 15 ,58 = 295 ,53
3° 3 ans 5 mois avant le tirage..........	279 ,85 + 15 ,24 = 295 ,09
Tandis qu'elle vaut la veille du tirage....	279 ,85 + 18 ,22 = 298 ,07

SIXIÈME PROBLÈME

Quel est le taux réel, en tenant compte de la prime de remboursement, d'un emprunt contracté ou souscrit par obligations émises *à tel prix*, rapportant un intérêt donné et remboursable en un certain nombre d'annuités?

Ce problème, envisagé dans toute sa généralité, conduit à une équation d'un degré égal au nombre d'annuités de l'amortissement ; équation que l'on ne peut résoudre, dans la plupart des cas, que par des méthodes de tâtonnement.

Je proposerai la méthode suivante que je développerai mieux avec quelques exemples :

Premier exemple.

Un capitaliste, ou un établissement financier, souscrit tous les titres d'un emprunt par obligations 3 p. 100, remboursables à 500 fr. en 92 annuités.

Le prix moyen d'une obligation, la veille du tirage, tous frais payés et déduction faite des intérêts courus jusqu'à ce jour, est de 297 fr. 50 c. ; on demande le taux réel auquel ce capitaliste, cet établissement financier, place son argent, en tenant compte de la prime de remboursement.

Le problème peut être ramené à celui-ci : Trouver deux nombres dont la somme soit égale à 297f,50 (le prix d'achat) ; le premier de ces nombres étant la capitalisation, au taux inconnu, du revenu annuel de 15 fr. ; le second étant l'escompte, à ce même taux inconnu, de la prime de remboursement. Ces deux nombres peuvent être déterminés par approximations successives, de la manière suivante.

(J'ai disposé les résultats dans un tableau pour faire mieux saisir la marche des tâtonnements).

OBLIGATION REMBOURSABLE EN 92 ANNUITÉS — TIRAGE IMMÉDIAT	APPROXIMATIONS SUCCESSIVES			
	CAPITAL DE REMBOURSEMENT 500f,00		ESCOMPTE DE LA PRIME aux taux successifs.	TAUX SUCCESSIFS
	CAPITALISATION du revenu de 15f.	PRIME de remboursement.		
	fr.	fr.	fr.	
Le capital d'achat est de..........................	297 50			
Le taux, sans tenir compte de la prime, est de $\frac{15}{297,50}$, ou environ..................................	»	»	»	5 °/₀
La première prime de remboursement est : 500 f. — 297f,50........................... =	»	202 50		
Son escompte à 5 °/₀, la veille du tirage, est (*) 9f,220 × 2,025............................. =	»	»	18 67	
La première capitalisation approximative du revenu de 15 fr., sera la différence entre le prix d'achat et la valeur actuelle de la prime, ou : 1re capitalisation = 297f,50 — 18f,67,....... =	278 83			
Le premier taux d'essai, en tenant compte de la prime, est donc = $\frac{15}{278,83}$ .... =	»	»	»	5,38 °/₀
La deuxième prime d'essai sera la différence entre le prix de remboursement et la première capitalisation approximative, ou : 2e prime = 500 f. — 278f,83................ =	»	221 17		
Son escompte vaut, à 5f,38 °/₀ (*), 8f,228 × 2,2117 =	»	»	18 20	
2e capitalisation d'essai = 297f,50 — 18f,20.. =	279 30			
2e taux d'essai = $\frac{15}{279,30}$ .... =	»	»	»	5,37 °/₀
3e prime = 500 f. — 279f,30................ =	»	220 70		
L'escompte de cette troisième prime, à 5,37 °/₀, vaut 8f,253 × 2,207.............................. =	»	»	18 21	

(*) Voir le 2e problème, page 9.

Nous avons obtenu les deux nombres cherchés, car leur somme est égale au prix d'achat à un centime près :

$$279^{f},30 + 18^{f},21 = 297^{f},51.$$

Du reste, en continuant à opérer comme nous venons de le faire, on trouverait toujours 537 p. 100 pour le taux et l'on retomberait sur les mêmes chiffres pour la capitalisation du revenu, la prime de remboursement et son escompte.

Donc 5,37 p. 100 est bien le taux cherché.

Deuxième exemple.

Une compagnie industrielle émet un emprunt en obligations 3 p. 100 au prix de 240 f. remboursables à 500 fr. dans un délai de 84 ans et à l'aide de 80 annuités, le premier tirage devant avoir lieu dans 4 ans. On demande le taux réel de l'emprunt, en tenant compte de la prime de remboursement ?

Ce problème ne diffère du précédent que par la manière d'obtenir l'escompte de la prime.

Voir le tableau ci-contre.

OBLIGATION REMBOURSABLE EN 80 ANNUITÉS — PREMIER TIRAGE DANS 4 ANS	APPROXIMATIONS SUCCESSIVES				
	CAPITAL DE REMBOURSEMENT 500f,00		ESCOMPTE DE LA PRIME		TAUX SUCCESSIFS
	Capitalisation du revenu de 15 fr.	Prime de remboursement.	la veille du le tirage.	4 ans avant le tirage.	
	fr.	fr.	fr.	fr.	
Le prix d'émission est de	240 »				
Le taux, sans tenir compte de la prime, est de $\frac{15}{240}$ .... =	»	»	»	»	6,25 %
La prime de remboursement est de 500 f — 240 f =	»	260 »			
Cette prime, escomptée à 6,25 % la veille du tirage, vaut (*) 9f,327 × 2,6 .... =	»	»	24 25		
Mais 4 ans avant cette époque, elle vaut à 6,25 % l'escompte de 24f,25 payable dans 4 ans, ou (**) 24 f,25 × 0,785 .... =	»	»	»	19 03	
La 1re capitalisation approximative : = 240 f. — 19f,03 .... =	220 97				
Le 1er taux approximatif = $\frac{15}{220,97}$ .... =	»	»	»	»	6,79 %
La 2e prime d'essai = 500 f. — 220f,97 .... =	»	279 03			
Cette prime vaut à 6,79 % 4 ans avant le tirage (***) 2,7903 × 8f,281 × 0,769 .... =	»	»	»	17 77	
La 2e capitalisation approximative : = 240 f. — 17f,77 .... =	222 23				
Le 2e taux approximatif = $\frac{15}{222,23}$ .... =	»	»	»	»	6,749 %
La 3e prime de remboursement : = 500 f. — 222f,23 .... =	»	277 77			
Son escompte à 6,749 % 4 ans avant le tirage (***) sera = 2,7777 × 8f,343 × 0,770 .... =	»	»	»	17 85	
La 3e capitalisation approximative : = 240 f. — 17f,85 .... =	222 15				
Le 3e taux d'essai = $\frac{15}{222,15}$ .... =	»	»	»	»	6,752 %
La 4e prime de remboursement = = 500 f. — 222f,15 .... =	»	277 85			
Son escompte à 6,752 % 4 ans avant le tirage = 2f,7785 × 8,348 × 0,77001 .... =	»	»	»	17 86	

(*) Voir le 2e problème, page 9.
(**) Voir le 3e problème (2e cas), page 10.
(***) En réunissant les deux opérations indiquées séparément plus haut. Voir le problème 3 (2e cas), page 10.

Le taux cherché est bien 6,752 p. 100, car la capitalisation du revenu de 15 fr. à ce taux donne 222f,15 qui, ajoutés à l'escompte de la prime de 17f,86 calculé au même taux, reproduit à un centime près le prix d'achat :

$$222^f,15 + 17^f,86 = 240^f,01.$$

Les deux exemples qui précèdent mettront le lecteur à même d'effectuer toutes les opérations de ce genre, en se rappelant qu'elles ne diffèrent que par la manière d'obtenir l'escompte de la prime. Or, les quatre cas qui peuvent se présenter sont développés dans les deuxième et troisième problèmes.

Le procédé de calcul par approximations successives nous conduit à faire les remarques suivantes :

Si une erreur se glissait dans une opération intermédiaire, il en résulterait une fausse valeur du taux approximatif correspondant, mais elle ne pourrait avoir aucune influence sur la valeur du taux définitif; elle augmenterait seulement le nombre des opérations de tâtonnement.

Cette manière d'opérer est sûre, et les taux approximatifs convergent d'autant plus rapidement vers le taux définitif, que l'on apporte plus d'attention aux opérations d'essai.

Observons cependant que la détermination de la première capitalisation approximative peut être rendue plus expéditive de la manière suivante :

Supposons qu'il s'agisse du premier exemple (p. 12) on dira : Le capital d'achat est de 297f,50, le taux est d'environ 5 p. 100. La prime d'environ 200 fr. vaut à 5 p. 100 18f,44, qui retranchés de 297f,50 représentent la première capitalisation cherchée 279f,06 ou en nombre rond 279 fr. Le premier taux approximatif sera : $\frac{15}{279} = 5,38$ p. 100.

En un mot, on pourra rendre ces opérations plus expéditives en prenant des nombres ronds, au début des opérations.

Du taux moyen d'une obligation remboursable en tant d'annuités.

Les calculs précédents permettent de déterminer le taux réel d'un emprunt par obligations émises ou souscrites dans telles ou telles conditions.

Ce taux calculé est bien le taux réel auquel a emprunté la compagnie; c'est aussi le taux auquel un souscripteur unique aurait placé son argent. Car, dans ces deux cas, la chance des tirages n'a aucune influence; chaque annuité apportera son contingent de primes de remboursement.

Mais si au lieu de considérer la totalité des obligations d'un emprunt, on n'en considère qu'une partie; s'il s'agit d'un placement constitué sur un certain nombre d'obligations, le taux réel de ce placement, dépendant des chances aléatoires du tirage, ne peut être déterminé à l'avance.

Mais, on pourra se proposer de déterminer le taux moyen, c'est-à-dire le taux résultant de la valeur moyenne de l'obligation. Ce taux moyen doit être égal au taux réel, car on n'a aucune raison d'espérer que tel groupe donné d'obligations procurera, par les chances des tirages, un bénéfice supérieur plutôt qu'un bénéfice inférieur à la valeur moyenne de la prime de remboursement. Et, de même que, dans notre ignorance des événements futurs, nous acceptons la valeur moyenne de la prime de remboursement, comme étant celle qui tient compte rigoureusement de toutes les chances des tirages, de même nous adoptons le chiffre du taux réel pour celui du taux moyen. Ce chiffre étant la limite vers laquelle doit converger le taux réservé à chacun des groupes d'obligations dont se compose l'emprunt; notre estimation sera d'autant plus près de la vérité qu'elle s'adressera à une fraction plus considérable de l'emprunt, puisqu'elle est le chiffre exact du taux auquel cet emprunt est contracté.

OBLIGATIONS DIVERSES.

Table II.

La table II donne les valeurs moyennes à 5 p. 100, la veille du tirage, d'une prime de 100 fr. des différentes obligations dont il va être question.

Obligations de l'Est (*anciennes*).

Ces obligations émises par la compagnie de l'Est, de 1852 à 1854, donnent un revenu annuel de 25 francs, et sont remboursables à 650 fr.; leur taux nominal est donc de $\frac{25}{650} = 0{,}03846154...$

Obligations 4 p. 100.

Elles se divisent suivant le prix de remboursement en trois catégories :

1° Les obligations remboursables à 500 fr. et produisant 20 fr. d'intérêt; de ce nombre sont les obligations du trésor, dites Trentenaires;

2° Les obligations remboursables à 625 fr. rapportant 25 fr. d'intérêt;

3° Les obligations rapportant 50 fr. de revenu annuel et remboursables à 1250 fr.

Obligations 5 p. 100.

Ces obligations rapportent 25 fr. d'intérêt et sont remboursables à 500 fr.

Remarque. Pour faire saisir d'un seul coup d'œil l'influence du taux nominal sur la valeur de la prime, j'ai compris dans la table II la valeur moyenne à 5 p. 100 d'une prime de 100 fr. d'une obligation 3 p. 100.

A l'inspection de cette table, on remarquera que la valeur de la prime de 100 fr. est égale à 100 fr. la veille du paiement de la dernière annuité ; que cette valeur diminue rapidement avec le nombre des annuités ; enfin, que plus le taux nominal s'élève, plus la prime baisse de valeur.

Calcul de la valeur moyenne à 5 p. 100, d'une prime donnée des obligations 4 et 5 p. 100, ainsi que des obligations anciennes de l'Est.

Ce calcul est entièrement semblable à celui qui a été développé pour les obligations 3 p. 100 dans les deuxième et troisième problèmes.

En voici cependant encore un exemple :

Quelle est la valeur à 5 p. 100 d'une prime de $152^f,50$ d'une obligation ancienne de l'Est, la veille du tirage de 1863 : c'est-à-dire lorsqu'il y a encore 87 annuités à solder ?

On trouve table II, ligne 87, que la prime de 100 fr. vaut $8^f,422$; donc la prime de $152^f,50$ vaudra :

$$1,525 \times 8^f,422 = 12^f,84.$$

Si l'on voulait trouver la valeur de cette prime à un autre taux que 5 p. 100, on la calculerait directement d'après la formule générale.

(Je donne un exemple numérique (page 46, 2ᵉ partie) (*) qui servira de guide pour tous les cas où le taux proposé serait en dehors des tables.)

Calcul de la valeur à 5 p. 100, en tenant compte de la valeur moyenne de la prime de remboursement, des obligations du tableau A.

Table III.

Ce calcul se fera comme celui du quatrième problème relatif aux obligations 3 p. 100.

(*) J'ai dû reporter ce calcul à la seconde partie, parce qu'il exige l'emploi des logarithmes.

Pour présenter d'un seul coup d'œil au lecteur un ensemble qui lui permette de comparer entre elles les différentes obligations, j'ai effectué les calculs de la table III.

Cette table contient autant de colonnes qu'il y a de prix de remboursement différents pour les obligations les plus répandues. Elle montre la valeur qu'acquiert successivement une obligation lorsqu'elle approche du terme de son amortissement.

On remarquera que les obligations 5 p. 100 remboursables à 500 fr. n'y sont pas comprises.

La raison en est toute simple :

La capitalisation à 5 p. 100 d'un revenu de 25 fr. est 500 fr., c'est-à-dire le capital nominal de l'obligation ; donc la prime de remboursement est nulle, et la valeur à 5 p. 100 d'une obligation de ce taux nominal est une valeur constante, égale au chiffre du remboursement.

Ce qui veut dire qu'à un taux égal au taux nominal, il n'y a aucun avantage à attendre du remboursement.

Le jour donc où on ne pourra plus placer son argent à un taux supérieur à 3 p. 100, toutes les obligations 3 p. 100 vaudront 500 fr., et par le fait même de l'abondance des capitaux, ou de la baisse de leur loyer, il n'y aura plus de bénéfice à recueillir de l'amortissement.

Si l'on demandait la valeur à un taux quelconque d'une obligation 4 p. 100, 5 p. 100 ou de l'Est, ou d'une obligation d'un autre taux nominal, pour lequel nous n'avons pas de tables semblables à la table I, il faudrait ajouter à la capitalisation du revenu, au taux donné, l'escompte au même taux, de la prime de remboursement (*).

Du taux réel d'un emprunt contracté en obligations, d'un taux nominal quelconque, en tenant compte de la valeur moyenne de la prime de remboursement.

Le gouvernement Turc vient d'émettre (20 avril 1863) par l'intermédiaire de la banque Impériale Ottomane, des obligations rapportant 30 fr. d'intérêt annuel, payables par moitié le 1er juillet et le 1er janvier, et remboursables à 500 fr. en 23 ans et demi, par tirages semestriels, dont le premier aura lieu en novembre 1863.

Ces obligations sont émises avec la jouissance des intérêts à partir du 1er janvier 1863 (le premier coupon d'intérêt de 15 fr. sera payé le 1er juillet de cette année).

(*) On trouvera un exemple numérique page 46.

En tenant compte du bénéfice de cette jouissance et des délais pour les versements, le prix réel de l'obligation se trouve ramené de 360 fr. (prix d'émission), à $342^{f},54$ donnant un revenu annuel de 8,76 p. 100 sans tenir compte de la prime de remboursement.

La notice concernant cet emprunt s'exprime ainsi :

« Le remboursement de l'obligation ayant lieu à 500 fr. en 23 ans et demi produit, « sur le prix de l'émission, un bénéfice de 140 fr., qui représente une bonification « supplémentaire de 1,89 p. 100 par an, ce qui donne un revenu effectif de 10,65 « p. 100. »

Je remplacerai ce paragraphe peu intelligible par celui-ci : le gouvernement Turc émet à 342 fr. 54 c. des obligations remboursables à 500 fr. en 23 ans et demi, par annuités constantes et par tirages semestriels. A quel taux emprunte-t-il ?

La solution de ce problème est tout à fait semblable à celle qui est exposée (page 12) et que j'ai développée en deux exemples numériques. Seulement ici, en l'absence de tables donnant la valeur moyenne de la prime, il y a nécessité de la calculer directement.

Le taux nominal des obligations ottomanes est $\frac{30}{500} = 0,06$, ou 6 p. 100.

1° La durée de l'amortissement est 23 ans et demi.

La troisième remarque de la note III (page 43) fait voir que la formule de la valeur moyenne est la même pour des tirages semestriels que pour des tirages annuels.

2° L'émission des obligations ottomanes datant de la fin d'avril, et le tirage ayant lieu en novembre, il doit s'écouler six mois avant le premier tirage.

3° Les remarques de la page 16 sur la méthode des approximations successives nous permettent de prendre un premier taux d'essai quelconque, soit 10 p. 100 ; ce qui supposerait le capital du revenu égal à 300 fr. et la prime de remboursement égale à 200 fr. (*Voir le tableau ci-contre.*)

OBLIGATION REMBOURSABLE EN 23 ANS 1/2 — CAPITAL D'ACHAT $342^f,54$ — TIRAGE DANS SIX MOIS	APPROXIMATIONS SUCCESSIVES			
	CAPITAL DE REMBOURSEMENT $500^f,00$		ESCOMPTE DE LA PRIME aux taux successifs.	TAUX SUCCESSIFS.
	CAPITALISATION du revenu de 30f.	PRIME de remboursement.		
	fr.	fr.	fr.	
1re capitalisation approximative....................	300 »			
1er taux d'essai..............................	»	»	»	10,00 °/₀
1re prime d'essai..............................	»	200 »		
Valeur moyenne de cette prime (*) :				
$x=\frac{200^f\times 0,06}{0,04}\left\{\frac{1-\left(\frac{1,06}{1,10}\right)^{23,5}}{(1,06)^{23,5}-1}\right\}$ .... =	»	»	59 46	
Le 2e capital approximatif sera $C=342^f,54-59^f,46$ =	283 08			
Le 2e taux approximatif $=\frac{30}{283,08}$............... =	»	»	»	10,60 °/₀
La 2e prime $=500$ f. $-283^f,08$................. =	»	216 92		
Son escompte vaudra (**) :				
$x'=\frac{216^f,92\times 0,06}{0,040}\left[\frac{1-\left(\frac{1,06}{1,106}\right)^{23,5}}{(1,06)^{23,5}-1}\right]$ .... =	»	»	60 84	
3e capital $C'=342^f,54-60^f,84$............... =	281 70			
3e taux approximatif $=\frac{30}{281,70}$ .... =	»	»	»	10,65 °/₀
3e prime $=500$ f. $-281^f,70$.................... =	»	218 30		
Son escompte, à 10,65 °/₀, est de :				
$x''=\frac{218^f,30\times 0,06}{0,0465}\left\{\frac{1-\left(\frac{1,06}{1,1065}\right)^{23,5}}{(1,06)^{23,5}-1}\right\}$ .... =	»	»	61 03	
4e capitalisation $=342^f,54-61^f,03$............ =	281 51			
4e taux $=\frac{30}{181,51}$ .... =	»	»	»	10,6568 °/₀
4e prime $=500$ f. $-281^f,51$.................... =	»	218 49		
Son escompte, à 10,6568 °/₀, est de :				
$x'''=\frac{218^f,49\times 0,06}{0,040568}\left[\frac{1-\left(\frac{1,06}{1,106568}\right)^{23,5}}{(1,06)^{23,5}-1}\right]$ ... =	»	»	61 04	

(*) Voir le calcul numérique de la page 46.

(**) En appliquant la formule [8 *bis*] aux nouvelles données du taux et de la prime.

La valeur moyenne de la quatrième prime est égale, à un centime près, à celle de la troisième ; le taux cherché est donc de 10,6568 p. 100. Il est plus fort de 0,0068 p. 100 que le taux officiellement annoncé.

Je ferai remarquer qu'une différence de dix jours dans l'époque du tirage suffit pour amener une différence de près de *un centième pour cent* dans le taux de l'emprunt; et comme la date du tirage n'est pas fixée officiellement je n'ai pu faire le calcul rigoureux du taux cherché.

Néanmoins, le résultat ci-dessus prouve que la banque Impériale Ottomane estime scrupuleusement le taux de son emprunt.

Observation sur le problème précédent. Pour mettre le lecteur en garde contre une fausse interprétation des résultats fournis par le calcul précédent, et par tous ceux de la recherche du taux réel d'un emprunt par obligation, je ferai remarquer qu'il ne faut pas confondre ce taux réel, avec ce que l'on pourrait appeler le *taux amortissement compris :* celui-ci s'obtiendrait en divisant le chiffre de l'annuité par celui de la somme empruntée; le quotient serait d'autant plus grand que le nombre d'annuités serait plus petit, bien que le taux réel restât constant.

De la valeur d'une prime de remboursement, le lendemain d'un tirage donné.

Nous avons vu, au début de ce travail, que la valeur d'une prime de remboursement ne dépend pas du nombre d'annuités précédemment remboursées, mais seulement du nombre d'annuités restant à solder; par conséquent, la valeur d'une prime, le lendemain du tirage, est la même que celle d'une prime qui a une annuité de moins à courir, mais payable dans un an.

Exemple. Soit une obligation de l'Ouest 3 p. 100 dont l'amortissement finit en 1951, on demande quelle est la valeur de la prime de remboursement de 200 fr. (ce qui suppose que l'on calcule la valeur moyenne de l'obligation à 5 p. 100) escomptée à 5 p. 100, le lendemain du tirage de 1863.

La veille du tirage de 1864 elle aura encore 88 annuités à courir; elle vaudra (table I, colonne 88, ligne 5 p. 100) :

$$10^{f},297 \times 2 = 20^{f},59.$$

Mais le lendemain du tirage de 1863, c'est-à-dire un an avant celui de 1864, elle ne vaudra que l'escompte de 20 fr. 59 c., à 5 p. 100 payables dans un an, ou

$$20^{f},59 \times 0,952 = 19^{f},61.$$

La veille du tirage de 1863, cette prime valait (table I, col. 89, ligne 5 p. 100) :

$$2 \times 10^{f},017 = 20^{f},03.$$

De la veille au lendemain du tirage de l'annuité N° 89, une prime de 200 fr. d'une obligation non sortie, subit donc une dépréciation qui, calculée à 5 p. 100, est de :

$$20^f,03 - 19^f,61 = 0^f,42.$$

DE LA DÉCEPTION.

Tables IV et V.

J'appelle *déception* la différence entre les valeurs d'une obligation la veille et le lendemain du tirage.

La table IV, où j'ai pris pour exemple une obligation de l'Ouest 3 p. 100, rendra ces considérations familières au lecteur.

L'importance de la déception variera avec le taux de l'escompte, puisqu'elle est la différence entre des quantités (les valeurs moyennes de la prime de la veille et du lendemain du tirage) variant elles-mêmes avec le taux.

La table V met en évidence l'influence du taux sur la déception d'une prime de 100 fr. d'une obligation 3 p. 100.

Je n'ai pas construit de tables semblables pour les obligations 4 p. 100, 5 p. 100 et de l'Est; le lecteur étant à même de calculer la déception due à un tirage quelconque, au taux de 5 p. 100, d'après les tables II et III.

D'ailleurs mon but, en signalant cette particularité de l'appréciation mathématique des obligations, n'est pas d'en exagérer l'importance; la déception exprime seulement, en francs et centimes, les oscillations que chaque tirage fait éprouver à la marche ascendante de la valeur moyenne d'une obligation qui s'avance vers la limite de son amortissement.

Nous reviendrons plus loin sur ce sujet (*).

COMPARAISON DES OBLIGATIONS ENTRE ELLES.

J'ai déjà fait remarquer que les calculs basés sur la valeur moyenne de la prime ne peuvent donner l'appréciation rigoureuse de la quantité cherchée, qu'autant qu'il s'agit de la totalité des obligations.

Si un souscripteur doit admettre ces mêmes résultats, c'est qu'ils lui représentent une

(*) Espérance d'un seul tirage, p. 31.

limite qu'il a d'autant plus de chances d'atteindre, que le nombre d'obligations lui appartenant sera une fraction plus considérable de la totalité de l'emprunt.

Mais lorsqu'il s'agit de comparer des obligations entre elles, l'escompte de la prime reprend sa valeur d'appréciation rigoureuse, même pour une seule obligation, comme je vais le mettre en évidence dans les exemples ci-dessous.

Comparaison, à un taux donné, d'obligations de même taux nominal, mais remboursables dans des limites différentes.

La Compagnie du chemin de fer du Nord a émis des obligations 3 p. 100 dont l'amortissement sera terminé en 1926; elle en a émis d'autres dont la dernière annuité ne sera payée qu'en 1947 : les premières n'ont donc plus que 64 annuités à courir, tandis que les secondes en ont encore 85.

La veille du tirage de 1863 (qui a lieu en avril), la valeur à 5 p. 100 de chacune de ces obligations est (voir la table III) :

1re catégorie	339f,60
2e catégorie	322 ,37
Différence entre ces deux valeurs..	17f,23

Les garanties offertes à chaque titre étant les mêmes, leur différence de prix devrait être égale à celle qui résulte des conditions différentes de l'amortissement.

Remarquons que cette différence de prix croîtra avec le taux de l'escompte. Elle serait égale à zéro pour un taux d'escompte égal au taux nominal (qui est ici de 3 p. 100). Ainsi, les cours actuels, devraient donner une différence de 15 à 18 francs entre les obligations de ces deux émissions, et cependant le public ne fait pas de distinction entre elles. Cela tient-il à son ignorance? ou au peu de cas qu'il fait des chances des tirages? cela tient-il aussi à ce que le conseil d'administration du chemin de fer du Nord ne veut pas que l'on cote séparément les titres des deux emprunts? Il y a sans doute un peu de toutes ces raisons dans ce défaut d'appréciation.

Conversion d'une obligation d'un taux nominal donné, en une obligation d'un taux nominal différent.

La Compagnie du chemin de l'Ouest a proposé, en juillet 1855, aux porteurs des obligations émises par les compagnies fusionnaires, des obligations de l'emprunt 1855, 3 p. 100 en échange de leurs titres 4 p. 100, aux conditions suivantes.

Les obligations de Versailles R. D. et de Saint-Germain, par exemple, dont l'amortissement devait être terminé à l'annuité payée en novembre 1893, furent acceptées pour la somme de 1000 fr. payable en obligations 3 p. 100 au cours de 290 fr. Or, l'amortissement de ces dernières doit finir seulement en 1951, et les tirages ne devaient commencer qu'en 1858.

Pour analyser cette opération de conversion, il faut d'abord chercher le taux réel de l'émission des obligations 3 p. 100 : on trouverait, par un calcul analogue à celui de la page 12, que le taux d'une obligation 3 p. 100 émise à 290 fr. remboursables en 94 annuités (les tirages ne commençant que dans 3 ans), est égal à 5,447 p. 100.

Calculons maintenant la valeur à 5,447 p. 100 d'une obligation 4 p. 100 remboursable en 39 annuités (les tirages ayant lieu dans 4 mois). On trouve :

1° Que le capital du revenu de 50 fr. est, à ce taux, de	$917^f,94$
2° Que la prime de remboursement qui est de $1,250^f. - 917^f,94 = 332^f,06$, escomptée à 5,447 % (4 mois avant le tirage), lorsqu'il reste 39 annuités à solder, vaut (*)	103 ,95
La somme de ces deux nombres	$= 1,021^f,89$
La compagnie ne la reprenant que pour	= 1,000 ,00
réalisait donc un bénéfice de	$21^f,89$

par obligation présentée à la conversion.

Conversion en une rente perpétuelle, d'une obligation remboursable par annuités.

Les obligations trentenaires du Trésor ont été émises en 1861, au taux réel de 5,174 p. 100 (**) ; c'était donc comme si l'État avait émis du 3 p. 100, au cours de

$$\frac{3}{0,05174} = 57^f,98.$$

La conversion des trentenaires en 3 p. 100, opérée en février et mars 1862, fut faite aux conditions suivantes :

(*) Voir pour ce calcul, note IV, page 46.
(**) On détermine ce taux par un calcul analogue à celui de la page 21.

Le trésor donnait pour une obligation, une inscription de 20 fr. de rente 3 p. 100.

L'État ayant reçu en argent, pour cette obligation, la somme de 440 fr., c'était donc comme s'il émettait du 3 p. 100, au taux réel de

$$\frac{20}{440} = 0^f,04546$$

ou comme s'il émettait de la rente 3 p. 100 au cours de

$$\frac{3}{0,04546} = 66 \text{ f.}$$

La conversion était donc très-avantageuse pour le trésor, puisqu'il convertissait un emprunt souscrit à 5,174 p. 100, en un autre emprunt à 4,546 p. 100.

Ou ce qui revient au même, il rentrait pour chaque 3 fr. de rente, dans un capital de 8 fr. 02 c.

L'emprunt souscrit par l'État sous forme d'obligations trentenaires, présente une sécurité égale à celle dont jouit la rente 3 p. 100.

Lors de la conversion (février et mars 1862), le 3 p. 100 s'est élevé jusqu'à 71 fr.

On peut donc se demander ce qu'aurait dû valoir à la même époque et au même taux de $\frac{3}{71}$ une obligation trentenaire du Trésor.

On trouve que la capitalisation ou le prix de 20 fr. de rente 3 p. 100, au cours de 71 fr., est donnée par le nombre fractionnaire :

$$\frac{20 \times 71}{3} = 473^f,33.$$

Pour avoir la valeur totale de l'obligation, il s'agit d'ajouter à cette capitalisation, la valeur moyenne de la prime de remboursement calculée au même taux $\frac{3}{71} = 0,04225$.

Cette prime est de... 500 fr. — $473^f,33 = 26^f,67$.

La dernière annuité se payant en janvier 1889, en mars 1862, il restait 27 annuités à solder, et le premier tirage ne devait avoir lieu que dans dix mois.

La valeur moyenne de cette prime de remboursement se calculera comme dans l'exemple de la page 46 (2e partie) ; on la trouve égale à $13^f,79$.

La valeur totale de l'obligation est donc de

$$473^f,33 + 13^f,79 = 487^f,12.$$

Remarque. Dans les calculs de comparaison et de conversion d'obligations que j'ai pris pour exemples, j'ai laissé de côté, pour simplifier les opérations, deux éléments dont on saura tenir compte, s'il y a lieu.

Je veux parler de la différence qu'il peut y avoir dans les dates des échéances des revenus payés à chacun des titres entrant dans la conversion.

A cette modification toujours minime de la valeur du titre converti, pourra s'en ajouter une autre non moins petite; c'est celle qui résultera d'un fractionnement différent des arrérages pour les deux titres mis en présence (le revenu annuel pouvant être payé par semestre, par trimestre ou en une seule fois).

En mettant sous les yeux du lecteur les exemples précédents, mon but a été de faire ressortir l'influence de la prime de remboursement, et de montrer le parti que l'on peut tirer des tables, qui permettent d'en préciser la valeur, tout en rendant le problème le plus simple possible.

OBLIGATIONS DE LA VILLE DE PARIS

Les administrations municipales de plusieurs de nos grandes villes ont eu recours à l'emprunt sous forme d'obligations; elles ont adopté, en général, pour l'amortissement de leurs dettes, le principe des annuités constantes; mais beaucoup d'entre elles ont ajouté à l'annuité déduite du capital nominal des obligations (*) une somme plus ou moins considérable, destinée à être distribuée sous forme de *lots* à un petit nombre des premiers numéros sortant à chacun des tirages.

Je ne me proposerai pas d'analyser ici les différentes combinaisons adoptées pour attirer les souscripteurs; car, pour les traiter individuellement, il me faudrait dépasser de beaucoup les limites que je me suis imposées dans ce travail. Mais, dans le but de mettre le lecteur à même de se rendre compte des avantages qu'offre tel ou tel emprunt avec lots semestriels ou annuels, je vais prendre un exemple.

La ville de Paris a émis en 1860 (loi du 1er août) deux séries d'obligations 3 p. 100, jouissant des mêmes faveurs d'amortissement. Chaque série se compose de 143 809 obligations, rapportant 15 fr. d'intérêt annuel et remboursables par voie de tirages au sort, devant avoir lieu tous les six mois, du 1er février 1861 au 1er août 1897, c'est-à-dire en 74 annuités semestrielles (soit en 37 années). Chaque tirage appelle au remboursement à 500 fr. un certain nombre d'obligations, et donne droit aux lots suivants :

(*) Page 41.

Tirage du 1er février. — Le 1er numéro sortant gagne	. . . .	100 000 fr.
— Le 2e — —	. . . .	40 000
— Le 3e — —	. . . .	10 000
— Somme des trois lots	. . . .	150 000 fr.

Le *tirage du 1er août* donne droit aux mêmes avantages.

La *prime de remboursement* des obligations de la ville de Paris (Émission de 1860) se calculera par les procédés et à l'aide des tables concernant les obligations 3 p. 100.

Espérance des trois lots. — En nous appuyant sur ce principe : que la valeur d'un billet de loterie est égale au quotient de la somme des lots à gagner par le nombre de billets contenus dans l'urne, nous trouverons l'espérance des trois lots à un tirage donné, en divisant 150 000 fr. par le nombre d'obligations participant au tirage, c'est-à-dire par le nombre d'obligations non amorties jusque-là.

Le nombre d'obligations, restant en circulation aux différentes époques de l'amortissement, s'obtiendra par des soustractions successives, quand on connaîtra : 1° le nombre total d'obligations émises ; 2° les nombres d'obligations amorties par chacun des tirages : ces derniers se déduiront de la formule trouvée dans la note II, si l'on ne peut consulter le tableau figurant au dos de chaque titre.

Remarque. L'espérance des lots (*) aux différentes époques de l'amortissement, dépendant pour un emprunt donné, 1° du nombre de numéros restant à amortir, 2° de l'importance des lots à gagner ; on voit qu'il faudra pour chaque emprunt, faire un calcul spécial pour déterminer l'espérance des lots aux différents tirages.

Il n'est donc pas possible de comprendre dans un même calcul, l'espérance des lots d'emprunts différents, comme nous avons pu le faire pour la valeur moyenne de la prime de remboursement des obligations de même taux nominal. Mais le calcul de l'espérance d'un lot, la veille du tirage donné, est tellement simple, qu'il suffit de l'indiquer pour mettre le lecteur à même de l'effectuer.

Ainsi : cette espérance est, pour les obligations de la ville de Paris, une fraction ayant pour numérateur constant 150 000, et pour dénominateur les nombres que l'on obtiendrait en retranchant de 143 809 les nombres d'obligations successivement remboursées.

(*) Voir page 21 ce qu'on entend par espérance mathématique.

OBLIGATIONS DE LA VILLE DE PARIS (émission de 1860)

Tableau de l'espérance des lots semestriels de 150 000 fr. ou valeur d'un numéro la veille de chacun des tirages de l'amortissement.

ANNUITÉS restant A SOLDER	TIRAGES	ESPÉRANCE des TROIS LOTS	ANNUITÉS restant A SOLDER	TIRAGES	ESPÉRANCE des TROIS LOTS	ANNUITÉS restant A SOLDER	TIRAGES	ESPÉRANCE des TROIS LOTS
		fr. c.			fr. c.			fr. c.
74	1861 1er.	1 04	49	1873 2e.	1 35	24	1886 1er.	2 32
73	2e.	1 04	48	1874 1er.	1 37	23	2e.	2 40
72	1862 1er.	1 05	47	2e.	1 38	22	1887 1er.	2 49
71	2e.	1 06	46	1875 1er.	1 40	21	2e.	2 59
70	1863 1er.	1 07	45	2e.	1 43	20	1888 1er.	2 70
69	2e.	1 08	44	1876 1er.	1 45	19	2e.	2 82
68	1864 1er.	1 09	43	2e.	1 47	18	1889 1er.	2 96
67	2e.	1 10	42	1877 1er.	1 50	17	2e.	3 11
66	1865 1er.	1 11	41	2e.	1 53	16	1890 1er.	3 28
65	2e.	1 12	40	1878 1er.	1 55	15	2e.	3 48
64	1866 1er.	1 13	39	2e.	1 58	14	1891 1er.	3 70
63	2e.	1 14	38	1879 1er.	1 61	13	2e.	3 95
62	1867 1er.	1 16	37	2e.	1 64	12	1892 1er.	4 25
61	2e.	1 17	36	1880 1er.	1 68	11	2e.	4 60
60	1868 1er.	1 18	35	2e.	1 71	10	1893 1er.	5 04
59	2e.	1 19	34	1881 1er.	1 75	9	2e.	5 55
58	1869 1er.	1 20	33	2e.	1 79	8	1894 1er.	6 20
57	2e.	1 22	32	1882 1er.	1 83	7	2e.	7 04
56	1870 1er.	1 23	31	2e.	1 88	6	1895 1er.	8 15
55	2e.	1 25	30	1883 1er.	1 93	5	2e.	9 71
54	1871 1er.	1 26	29	2e.	1 99	4	1896 1er.	12 05
53	2e.	1 28	28	1884 1er.	2 04	3	2e.	15 95
52	1872 1er.	1 29	27	2e.	2 10	2	1897 1er.	23 71
51	2e.	1 31	26	1885 1er.	2 17	1	2e.	47 13
50	1873 1er.	1 33	25	2e.	2 24			

Pour calculer le *taux réel* d'un emprunt par obligations avec lots, on remarquera qu'il faut tenir compte non-seulement de la valeur moyenne de la prime de remboursement, mais aussi de l'escompte des lots payés à chaque tirage.

On pourra déterminer le taux réel par approximations successives, et, comme vérification, il faudra qu'en capitalisant le revenu à ce taux, et en escomptant au même taux la prime et les lots, on obtienne trois sommes qui, ajoutées ensemble, reproduisent le prix d'émission de l'obligation.

On pourra encore calculer le taux réel, en envisageant le problème dans toute sa généralité, en appliquant les méthodes connues, pour la solution de la question suivante : A quel taux est contracté un emprunt d'un capital donné, dont l'amortissement doit se faire à l'aide d'un nombre connu d'annuités, chacune d'elles étant de tant de francs ?

Remarquons que le capital emprunté est le produit du nombre d'obligations par le chiffre auquel elles ont été émises.

Quant au chiffre de l'annuité, il s'obtient, dans le cas où il y a des lots, en ajoutant la somme des lots à l'annuité mathématique, que l'on calcule comme il est indiqué (note III).

OBLIGATIONS DU CRÉDIT FONCIER.

Le crédit foncier a émis et émet tous les jours des obligations qui, d'après les cours actuels, présentent une prime de remboursement. De plus, quatre tirages de lots considérables, dont la somme annuelle s'élève à 800 000 fr., constituent aussi, au bénéfice de ces titres, une espèce de loterie.

Il serait intéressant, sans doute, de pouvoir préciser par le calcul : 1° la valeur de la prime de remboursement ; 2° la valeur du billet de loterie de ces obligations privilégiées.

Mais les obligations foncières échappent aux prévisions du calcul, comme le montre l'article 82 des statuts du crédit foncier qui est ainsi conçu :

« Les obligations foncières sont créées sans époque fixe d'exigibilité du capital.

« Elles sont appelées au remboursement par la voie du tirage au sort.

« Chaque remboursement comprend le nombre d'obligations nécessaires pour opérer « un amortissement tel que les obligations restant en circulation n'excèdent jamais les « capitaux restant dus sur les prêts hypothécaires. »

Les nombres d'obligations amorties chaque année ne sont pas connus à l'avance ; ils dépendent des rentrées des capitaux mis à la disposition des emprunteurs.

La prime de remboursement ne peut donc pas être calculée.

Quant au billet de loterie, sa valeur, la veille du tirage, dépend du nombre de numéros restant dans l'urne à cette époque (l'administration du crédit foncier est seule à même de donner ce renseignement). En divisant la *somme des lots* à gagner par le nombre de numéros participant au tirage, on aurait le chiffre cherché.

APPLICATION DES PROBABILITÉS AU CALCUL DE LA VALEUR DE LA PRIME DE REMBOURSEMENT DES OBLIGATIONS.

La première application des probabilités qui se présente à l'esprit, lorsqu'il s'agit de l'amortissement des obligations, c'est la recherche de la probabilité qu'a une obligation de sortir au premier des tirages restant à effectuer.

Prenons un exemple :

Si, sur 10 000 obligations restant à une certaine époque de l'amortissement, le tirage en appelle 100 au remboursement, la probabilité, pour un numéro quelconque, de sortir à ce tirage, sera exprimée par le rapport $\frac{100}{10\,000} = \frac{1}{100}$, un centième.

La probabilité qu'a une obligation de sortir au premier tirage, est le rapport du nombre d'obligations à rembourser à ce tirage, au nombre total de titres non amortis avant qu'il n'ait lieu.

On voit par là que les chances de sortie augmentent au fur et à mesure que le nombre de tirages restant à effectuer diminue : 1° parce que le nombre d'obligations non amorties diminue (le dénominateur de la fraction devient plus petit) ; 2° parce que le nombre d'obligations à amortir (le numérateur de la fraction) augmente. Pour ces deux raisons, la *probabilité* (la fraction) augmente.

De l'Espérance d'un seul tirage, ou valeur de la chance de remboursement la veille d'un tirage donné.

Table VI.

Dans les applications du calcul des probabilités, on entend par *Espérance mathématique* le produit de la somme à gagner, par la probabilité de l'obtenir. Si donc, une somme de 100 fr., est mise en jeu, et qu'un joueur n'ait pour lui qu'une chance de gain sur cent, sa mise, pour que le jeu soit équitable, ne devra être que le centième de 100 fr. ou 1 franc. Elle doit être égale à son espérance mathématique qui est

$$100 \text{ f.} \times \frac{1}{100} = 1 \text{ f.}$$

Si donc, après avoir calculé la probabilité qu'acquiert successivement une obligation de sortir aux différents tirages de l'amortissement, nous multiplions cette probabilité par 100 fr. nous aurons la valeur de l'espérance d'une prime de 100 fr. la veille de chaque tirage.

La table VI donne pour les obligations 3 p. 100, 4 p. 100, 5 p. 100 et de l'Est, la valeur de ce billet de loterie de 100 fr. reposant sur la chance de sa sortie à *tel tirage* de l'amortissement (le tirage étant désigné par le nombre d'annuités restant à solder).

Je renouvellerai ici une observation que j'ai déjà faite : le dernier tirage sert à partager les obligations non amorties jusqu'à ce jour, en deux séries, l'une qui est remboursée immédiatement, l'autre qui le sera dans un an. Ce tirage sert donc pour deux annuités, et si je n'ai pas inscrit la valeur de la prime de 100 fr. à la dernière annuité, c'est qu'ici le sort n'a plus à intervenir; il y a certitude de toucher la prime; elle vaut donc 100 fr.

Les nombres inscrits dans chaque colonne, peuvent être regardés comme indiquant combien il y a, aux différents tirages, d'obligations sortant, sur 100 qui ne sont pas encore amorties.

Ainsi : l'avant-dernière annuité remboursera 49 ½ p. 100 des obligations 3 p. 100 restant à amortir ; et l'on voit qu'il faut qu'un emprunt 3 p. 100 n'ait plus que 47 années d'amortissement pour que le centième des obligations restantes sorte au premier tirage.

On remarque aussi, qu'à égalité de durée d'amortissement, la probabilité de sortir est d'autant plus faible que le taux nominal est plus élevé. Ce qui indique qu'avec un taux nominal plus élevé on recule l'époque du remboursement moyen et du remboursement probable de chaque obligation (*).

On peut à l'aide de la table VI résoudre le problème suivant :

Un agent de change ne peut livrer à son confrère les titres d'obligations pour lesquels un tirage doit avoir lieu; quelle indemnité celui-ci devra-t-il réclamer au nom de son client?

Nous supposerons qu'il s'agisse d'obligations de l'Ouest 3 p. 100 dont l'amortissement finit en 1951 (voir le tableau A), et que ces obligations ont été achetées 310 fr., peu de jours avant le tirage de 1863. (C'est-à-dire 89 ans avant l'amortissement complet.)

La prime est ici de... 500 f. — 310 f. = 190 f.; l'espérance de cette prime (table VI, colonne 3, p. 100, ligne 89), est de $0^f,232 \times 1,9 = 0^f,44$: l'indemnité à réclamer est donc de $0^f,44$ par obligation.

1re *Remarque.* On voit que l'espérance d'un seul tirage ne dépend pas du taux de l'escompte, mais qu'elle est déterminée par le cours de la bourse, précisant la valeur de la prime de remboursement, qui est la différence entre le prix que vaudra l'obligation désignée par le sort, et le prix auquel on peut s'en procurer une avant le tirage.

L'espérance d'un seul tirage ne peut donc pas être égale à ce que j'ai appelé la déception (**).

2e *Remarque.* Si, à l'espérance du premier tirage, on ajoute l'escompte à un taux donné de l'espérance du tirage suivant, l'escompte au même taux du tirage qui vient après, et ainsi de suite : on aura la somme des valeurs actuelles des espérances de chacun des tirages de l'amortissement. Cette somme doit être égale à la valeur moyenne de la prime de remboursement la veille du tirage ; c'est ce que prouve le calcul.

(*) Voir pages 33 et suivantes. *Remboursement moyen et Remboursement probable.*
(**) Page 23.

Cette remarque complétera l'idée que l'on doit se faire de la valeur moyenne de la prime de remboursement escomptée à un taux donné.

DÉLAI DU REMBOURSEMENT MOYEN D'UNE OBLIGATION.

Table VII.

Nous avons étudié la loi d'amortissement (véritable loi de mortalité) des obligations remboursables par annuités. Cette loi dit que les nombres d'obligations remboursées chaque année croissent en progression géométrique.

Ceci posé, on comprendra facilement que l'on peut résoudre la question suivante : quel est le délai moyen de remboursement d'une obligation qui a encore tant d'années pour être amortie ?

Pour être mieux compris du lecteur, peu familiarisé peut-être avec ce qu'on peut appeler le *délai moyen de remboursement*, je le comparerai à la vie moyenne d'un individu d'un âge donné; on appelle ainsi le nombre d'années qui lui restent moyennement à vivre, et on l'obtient en divisant la somme des années vécues par tous les individus de cet âge par le nombre même des survivants de l'âge considéré.

Le délai de remboursement moyen sera donc la vie moyenne de l'obligation qui doit être amortie certainement au bout de tant d'années.

Nous l'obtiendrons en divisant la somme des nombres d'années que chaque titre devra passer dans les mains du public, à partir d'une certaine époque, par le nombre d'obligations restant à amortir à l'époque considérée.

Exemple. Il reste en circulation, ou bien on a créé 300 obligations remboursables en 3 ans, et je suppose qu'au taux nominal de ces obligations

Le premier remboursement qui doit s'effectuer dans un an soit de..	95	obligations.
Celui qui doit s'effectuer dans deux ans, de....................	99	—
Enfin, le troisième et dernier, de..............................	106	—
TOTAL................	300	obligations.

Les 95 premières obligations remboursées auront vécu chacune un an ; les 99 remboursées par l'annuité suivante auront vécu chacune pendant 2 ans; les dernières, enfin, auront vécu 3 ans : de sorte que la somme des années vécues par chacune d'elles sera de

$$95 + 2 \times 99 + 3 \times 106 = 95 + 198 + 318 = 611 \text{ années.}$$

En divisant ce nombre par 300, nous aurons

$$\frac{611}{300} = 2^{\text{ans}},075$$

pour le délai moyen de remboursement, ou le temps qu'elles sont restées moyennement en circulation.

On trouvera dans la table VII, colonne *Délai moyen*, le délai du remboursement moyen d'une obligation 3 p. 100 dont l'amortissement doit être terminé en tant d'années.

DÉLAI DU REMBOURSEMENT PROBABLE D'UNE OBLIGATION.

La loi d'amortissement nous fournit encore le moyen de trouver le délai probable du remboursement ; je le comparerai à la vie probable d'un individu.

On appelle vie probable d'un individu d'un certain âge, le nombre d'années qui doivent s'écouler pour que le nombre de vivants de cet âge soit diminué de moitié.

D'après cela, on voit que le délai de remboursement probable d'une obligation qui a encore tant d'années pour être amortie, sera le nombre d'années qui doit s'écouler pour que le nombre d'obligations, restant en circulation à cette époque, soit diminué de moitié par l'amortissement.

Il est probable que cette obligation sera remboursée à l'expiration de ce délai, ou du moins elle a autant de chances pour l'être que pour ne pas l'être pendant ce temps.

Le calcul de la note VII fait voir comment on arrive à la formule générale à l'aide de laquelle j'ai trouvé les nombres inscrits, table VII, dans la colonne *Délai probable*. Ces nombres correspondent aux obligations 3 p. 100.

Le lecteur s'étonnera sans doute de voir des nombres fractionnaires là où il s'attendait à trouver des nombres entiers, puisque les remboursements s'effectuent le même jour et ne sont pas répartis sur toute l'année comme la table semble l'indiquer. Mais si cette forme fractionnaire ne correspond pas aux faits, elle résulte du calcul et exprime d'une manière complète la durée pour laquelle un numéro donné a autant de chances pour être remboursé que pour ne pas l'être.

Observations sur la table VII. — On comprendra facilement que le délai moyen de remboursement d'une obligation remboursable dans un an, est un an : on se demandera peut-être quel est le délai probable.

Nous répondrons que si les remboursements étaient échelonnés sur toute l'année, et s'ils s'effectuaient par la voie du sort, il serait facile de calculer ce délai probable, lequel serait de six mois environ. Mais ici nous sommes forcé de rentrer dans la réalité des faits : il n'y a pas de durée probable pour le dernier remboursement, mais un délai certain ; et ce délai est d'un an, parce que le dernier tirage, qui a lieu lorsqu'il reste encore deux annuités à solder, a partagé les obligations en deux séries, l'une qui doit être remboursée de suite, l'autre qui le sera un an plus tard.

Lorsqu'il reste à une obligation deux années pour être amortie, on est encore éloigné d'un an du dernier tirage qui rembourse un peu moins de la moitié des obligations restantes ; aussi le calcul donne-t-il pour la durée probable un nombre un peu supérieur à un an.

On remarquera en outre que le délai moyen est plus court que le délai probable pour les amortissements à longue échéance. Ces deux délais sont égaux pour deux obligations 3 p. 100 remboursables en 21 ans ; à partir de cette époque, c'est le délai probable qui est plus court que le délai moyen.

De la valeur probable de la prime de remboursement d'une obligation.

Table VIII.

Le délai probable du remboursement nous conduit à la valeur probable de la prime.

En effet, si cette prime est payable après un délai de *tant* d'années, sa valeur actuelle est l'escompte de cette prime exigible à cette époque.

La table VIII donne la valeur probable d'une prime de 100 francs d'une obligation 3 p. 100 à toutes les époques de son amortissement, escomptée à 5 p. 100, et permet de résoudre le problème suivant : soit une obligation 3 p. 100 remboursable en 64 annuités ; on demande quelle est, au taux de 5 p. 100 la valeur probable d'une prime de 180 fr. ? On trouve (table VIII, ligne 64) que la prime de 100 fr. vaut $10^f,967$; la prime de 180 fr. vaudra donc :

$$1,8 \times 10^f,967 = 19^f,76.$$

Remarque. On se demandera si la valeur moyenne de la prime ne pourrait pas se déduire du délai moyen de remboursement, comme la valeur probable se déduit du délai probable.

Le calcul donnerait un chiffre erroné, en ce sens qu'il ne tiendrait pas compte de l'espérance des primes à toucher aux différentes échéances, tandis que la valeur moyenne déduite des tables I et II représente rigoureusement la somme des escomptes des bonifications promises au public.

CONCLUSION

Comparaison des valeurs moyennes et des valeurs probables d'une prime de remboursement.

Il y a donc deux manières de calculer la valeur d'une prime de remboursement.

1° Le calcul de la valeur moyenne, tenant compte des chances offertes par tous les tirages. C'est l'expression mathématique du sacrifice consenti par l'emprunteur. C'est la valeur exacte du bénéfice recueilli par la masse des souscripteurs. C'est le chiffre du bénéfice moyen réservé à chaque obligation.

2° Le calcul de la valeur probable, basée sur l'espérance d'un remboursement effectif, à l'expiration du délai probable.

Or, admettre le délai probable comme délai réel du remboursement, serait partir d'une fausse donnée, car il n'y aura qu'une très-petite fraction de l'emprunt qui sera remboursée à cette époque, tandis que presque la moitié des titres le sera avant et l'autre moitié après.

Est-ce donc à dire qu'il y a compensation exacte entre le bénéfice recueilli par les remboursements antérieurs et les pertes occasionnées par les remboursements postérieurs? Non, et pour s'en convaincre, il suffit de jeter les yeux sur le tableau suivant extrait des tables I et VIII.

COMPARAISON DES VALEURS MOYENNES ET PROBABLES D'UNE PRIME DE REMBOURSEMENT DE 100 FR. ESCOMPTÉES A 5 % LA VEILLE DE CHAQUE TIRAGE

NOMBRE D'ANNUITÉS restant à solder.	VALEUR MOYENNE	VALEUR PROBABLE	NOMBRE D'ANNUITÉS restant à solder.	VALEUR MOYENNE	VALEUR PROBABLE
	fr.	fr.		fr.	fr.
2	97 584	95 238	60	22 043	12 976
10	80 121	76 963	70	16 843	8 480
20	62 384	57 179	80	12 829	5 462
30	48 377	41 104	90	9 744	3 478
40	37 365	28 683	100	7 382	2 196
50	28 750	19 505			

On verra, à l'inspection de ce tableau, que la valeur probable d'une prime de remboursement est toujours au-dessous de sa valeur moyenne.

Qu'un petit capitaliste, porteur de quelques obligations, se dise que la valeur probable lui semble déjà un prix suffisant des espérances de remboursement qu'il conçoit, rien de mieux; c'est un moyen prudent de s'épargner des mécomptes. Qu'il n'accorde même aucune valeur aux chances aléatoires du remboursement; ces appréciations toutes personnelles sont indiscutables, et résultent du tempérament de chacun : les uns n'espèrent rien, les autres espèrent beaucoup.

La confiance de ceux-ci, l'incrédulité de ceux-là dans les chances que leur réserve l'avenir, n'empêchent pas que, tous les ans, un certain nombre d'obligations ne soit appelé à toucher la prime de remboursement.

Libres sont les porteurs de titres d'escompter l'espérance de cette prime à leur manière, d'adopter pour sa valeur la valeur moyenne, la valeur probable, ou même la valeur zéro.

Mais quand il s'agira de l'appréciation mathématique d'une obligation ; quand on voudra déterminer le taux d'un emprunt; comparer des obligations émises dans des conditions différentes ; en un mot, quand on désirera se rendre un compte exact d'une opération financière sur des obligations : c'est la valeur moyenne de la prime de remboursement qu'il faudra introduire dans le calcul, parce que c'est elle seule qui tient compte d'une manière équitable de toutes les chances des tirages, puisqu'elle donne seule la valeur rigoureuse de la prime lorsqu'il s'agit de la totalité des obligations d'un emprunt.

DEUXIÈME PARTIE

NOTE I

FORMULES DE L'INTÉRÊT COMPOSÉ ET DE L'ESCOMPTE EXACT

Soit r le taux de l'intérêt, le revenu de 1 franc pendant un an; on demande ce que deviendra une somme A, prêtée à ce taux r pendant n années, si on laisse cumuler les intérêts?

Après un an, le capital s'est accru des intérêts de chaque franc, et si l'on appelle C le nouveau capital, on a :

$$C = A + Ar = A(1 + r),$$

l'année suivante C devient C' et l'on a de même :

$$C' = C + Cr = C(1 + r) = A(1 + r)^2$$

et ainsi de suite. Après n années on aura

$$C_n = A(1 + r)^n \qquad [1]$$

L'équation [1] permet de déterminer l'une quelconque des quatre quantités C, A, r et n, quand les trois autres sont connues.

On peut se demander, par exemple, quelle est la valeur actuelle d'une somme C payable au bout de n années, pour un capitaliste qui désire placer son argent au taux r. En un mot, quel est l'escompte de cette somme C au taux r?

On tire de l'équation [1]

$$A = \frac{C}{(1 + r)^n} \qquad [2]$$

Les équations [1] et [2] sont générales; l'exposant n sera entier ou fractionnaire, selon que le nombre d'années sera lui-même entier ou fractionnaire.

NOTE II

CALCUL DE LA LOI D'AMORTISSEMENT DES OBLIGATIONS REMBOURSABLES PAR ANNUITÉS

On appelle *annuité* une somme constante destinée à faire face au service des intérêts et à celui de l'amortissement d'un emprunt. Cette somme doit être calculée de manière à éteindre la dette, capital et intérêts, en un certain nombre d'années; soient donc :

N le nombre d'obligations d'un emprunt;
i l'intérêt annuel servi à chacune d'elles;
R le prix de remboursement (ou capital nominal) de l'obligation;
$\frac{i}{R} = s$ sera le taux nominal (*). On pourra exprimer le chiffre du revenu en fonction du taux nominal et du prix de remboursement; on a :
$i = Rs$ soit enfin :
n le nombre d'annuités dont se compose l'amortissement;
a_1, a_2, a_3 ..... a_n les nombres d'obligations remboursées la première, la seconde, la troisième, etc., et la dernière année de l'amortissement.

La première condition à remplir, c'est que les n annuités remboursent toutes les obligations; on aura donc :

$$a_1 + a_2 + a_3 + \ldots\ldots + a_n = N \quad [3]$$

La deuxième condition, c'est que les versements effectués annuellement par le débiteur, entre les mains de ses créanciers, soient égaux entre eux.

Prenons deux annuités quelconques, correspondant à deux années consécutives de l'amortissement, et soient p et $p+1$ les numéros d'ordre de ces annuités. Les nombres d'obligations appelées au remboursement seront :

$$a_p \quad \text{et} \quad a_{p+1}.$$

Si k est le chiffre de l'annuité et B le nombre des obligations restant à amortir, on aura pour la première annuité :

$$K = BRs + Ra_p,$$

et pour la seconde :

$$K = (B - a_p)Rs + Ra_{p+1};$$

(*) Taux nominal, Ire partie, page 2.

d'où l'on tire, en réduisant :

$$a_{p+1} = a_p(1+s) \quad \text{[4]}$$

Ce qui fait voir que le nombre d'obligations remboursées une année quelconque, est égal au nombre d'obligations remboursées l'année précédente, multiplié par $(1+s)$. Les nombres :

$$a_1 \ , \ a_2 \ , \ a_3 \ , \ \ldots \ a_n$$

sont donc les termes d'une progression géométrique, dont la raison est $(1+s)$ et dont le nombre de termes est n. Condition suffisante pour trouver tous les nombres a_1, a_2, etc. On a en effet

$$a_1\left[1+(1+s)+(1+s)^2+\ldots\ldots+(1+s)^{n-1}\right]=\mathrm{N};$$

d'où l'on tire :

$$a_1 = \frac{\mathrm{N}s}{(1+s)^n-1} \quad \text{[5]}$$

et enfin :

$$\frac{\mathrm{N}s}{(1+s)^n-1}\left[1+(1+s)+(1+s)^2+\ldots\ldots+(1+s)^{n-1}\right]=\mathrm{N} \quad \text{[6]}$$

D'où l'on voit que le nombre d'obligations remboursées une certaine année, celle de rang p, par exemple, sera :

$$a_p = \frac{\mathrm{N}s(1+s)^{p-1}}{(1+s)^n-1}$$

Exemple. Quel est le nombre d'obligations remboursées en 1863, par la Compagnie de l'Ouest, sur son emprunt de 600 000 obligations émis en 1855, remboursable à l'aide de 94 annuités, de 1858 à 1951 ?

L'année 1863 étant la 6ᵉ de l'amortissement, on aura :

$$a_6 = \frac{600000 \times 0{,}03 \times (1{,}03)^5}{(1{,}03)^{94}-1} = 1382^{f},35.$$

On trouve ici un nombre fractionnaire qui ne peut remplir le but que s'est proposé la Compagnie, car elle ne peut amortir une fraction d'obligation.

On a donc dû chercher une suite de nombres entiers, se rapprochant autant que possible de la progression géométrique déterminée par le calcul, en négligeant les fractions inférieures à $\frac{1}{2}$ et en forçant celles qui lui sont supérieures.

Il résulte de là que les annuités ne sont pas rigoureusement égales entre elles ; elles pourront différer en plus ou en moins de l'annuité mathématique (*), de la moitié du prix de remboursement d'une obligation ; c'est-à-dire que la différence entre la plus forte annuité et la plus faible, n'excédera jamais le chiffre de remboursement d'un titre. Somme bien peu importante lorsqu'il s'agit d'annuités qui se comptent quelquefois par dizaines de millions.

En résumé : cet écart entre la pratique et la théorie, n'altère en rien l'exactitude des calculs que nous allons faire en prenant comme point de départ, la loi d'amortissement, reconnue plus haut.

NOTE III

CALCUL DE LA VALEUR MOYENNE D'UNE PRIME DE REMBOURSEMENT, D'UNE OBLIGATION AMORTISSABLE PAR ANNUITÉS CONSTANTES

La prime de remboursement n'est autre chose que la différence entre le prix de remboursement et le prix d'émission, ou le prix coté à la bourse, ou le prix résultant de la capitalisation du revenu de l'obligation à un taux donné.

Soit P ; cette prime de remboursement.

Soient : a_1, a_2, a_3,.... a_n les nombres d'obligations remboursées par chaque annuité.

Le bénéfice total recueilli par un capitaliste, souscripteur unique de l'emprunt ; ou mieux, le bénéfice concédé à la masse des N des obligations sera de :

a_1P francs au premier tirage ;
a_2P francs au second tirage ;
a_3P francs au troisième tirage ;
....
a_nP francs au dernier tirage.

(*) On obtiendra le chiffre de l'annuité mathématique d'un emprunt par obligation en ajoutant, à la somme consacrée au service des intérêts, celle qui est destinée à l'amortissement. En conservant les données ci-dessus, on aura pour la première annuité :

$$K = NRs + \frac{Ns}{(1+s)^n - 1} R = \frac{NRs(1+s)^n}{(1+s)^n - 1}.$$

Le chiffre de l'annuité moyenne payé par la Compagnie de l'Ouest pour son emprunt ci-dessus sera :

$$K = \frac{600000 \times 0{,}03 \times (1{,}03)^{94} \times 500^{f}}{(1{,}03)^{94} - 1} = 9{,}596{,}222^{f}{,}22.$$

La valeur actuelle de ces promesses, escomptées au taux r, la veille du premier tirage *en admettant que le remboursement ait lieu immédiatement après*, sera de :

$$X = P\left[a_1 + \frac{a_2}{1+r} + \frac{a_3}{(1+r)^2} + \ldots\ldots + \frac{a_n}{(1+r)^{n-1}}\right].$$

Remplaçant dans cette équation, a_1, a_2, a_3.... a_n, par leurs valeurs en fonction du nombre N d'obligations émises, du nombre d'annuités n et du taux nominal s, on aura (*) :

$$X = \frac{PNs}{(1+s)^n - 1}\left[1 + \frac{1+s}{1+r} + \left(\frac{1+s}{1+r}\right)^2 + \left(\frac{1+s}{1+r}\right)^3 + \ldots\ldots + \left(\frac{1+s}{1+r}\right)^{n-1}\right].$$

Faisant la somme des termes de la progression géométrique comprise entre parenthèses, il vient pour le bénéfice total recueilli par la masse des obligations, escompté au taux r la veille du premier tirage

$$X = NP\frac{s(1+r)}{r-s}\left[\frac{1-\left(\frac{1+s}{1+r}\right)^n}{(1+s)^n - 1}\right].$$

Divisant X par N, nous aurons le bénéfice moyen réservé à chaque titre :

$$x = \frac{X}{N} = P\frac{s(1+r)}{r-s}\left[\frac{1-\left(\frac{1+s}{1+r}\right)^n}{(1+s)^n - 1}\right] \ldots\ldots\ldots\ldots\ldots\ldots \quad [7]$$

Et l'escompte de la prime P, lorsque le premier tirage n'a lieu que dans m années, est l'escompte de x payable au bout de ce temps ou (**)

$$x' = \frac{x}{(1+r)^m} = \frac{Ps}{(r-s)(1+r)^{m-1}}\left[\frac{1-\left(\frac{1+s}{1+r}\right)^n}{(1+s)^n - 1}\right] \ldots\ldots\ldots\ldots \quad [8]$$

Première remarque : *La valeur moyenne est indépendante du nombre d'obligations.* — Les équations [7] et [8] donnent en effet pour x et x', des valeurs qui sont indépendantes de N. Les valeurs de x et x' sont donc fonction seulement du taux de l'escompte et des limites de l'amortissement.

Nous tirerons de là une conséquence importante : c'est que n peut aussi bien représenter le nombre d'annuités restant à verser entre les mains du public, que le nombre total d'annuités de l'amortissement.

(*) Voir le calcul de la note II, formule [6].
(**) Le lecteur fera bien de se reporter aux considérations développées pages 4 et suivantes.

1° Si dans [7] on fait successivement $n=1$, $n=2$, $n=3$, etc., on aura la valeur moyenne de P, *la veille du tirage*, lorsqu'il reste, une, deux, trois, etc. annuités à courir. En général donc, la formule [7] donne la valeur moyenne au taux r la veille du premier des tirages à effectuer, lorsqu'il reste n annuités à solder pour compléter l'amortissement.

2° Si dans [8] on fait $m=1$ et si l'on remplace n par $n-1$, on aura :

$$x'' = \mathrm{P}\frac{s}{r-s}\left[\frac{1-\left(\frac{1+s}{1+r}\right)^{n-1}}{(1+s)^n-1}\right] \quad \text{[9]}$$

x'' exprimant la valeur moyenne de P, *un an avant le tirage* de l'annuité de rang $(n-1)$ par rapport à la dernière (c'est-à-dire lorsqu'il reste $(n-1)$ annuités à solder pour l'amortissement complet) ou ce qui revient au même, la valeur moyenne de P, le lendemain du tirage de l'annuité précédente.

Deuxième remarque. *Ce que devient la valeur moyenne quand on l'escompte à un taux égal au taux nominal.* — Si l'on se propose d'escompter la prime à un taux égal au taux nominal, on trouve en faisant $r=s$ que les équations [7], [8] et [9] deviennent

$$x=\frac{0}{0}, \quad x'=\frac{0}{0}, \quad x''=\frac{0}{0}.$$

Mais on sait que, pour voir s'il y a réellement indétermination, il faut introduire $r=s$, avant de faire la somme des termes compris entre parenthèses ; cela posé, l'équation [7] devient :

$$x=\mathrm{P}\frac{s}{(1+s)^n-1}\left[1+\frac{1+s}{1+s}+\left(\frac{1+s}{1+s}\right)^2+\ldots\ldots+\left(\frac{1+s}{1+s}\right)^{n-1}\right]$$

ou :

$$x=\frac{\mathrm{P}s}{(1+s)^n-1}\left[1+1+1\ldots\ldots+1\right]=\frac{\mathrm{P}ns}{(1+s)^n-1} \quad \text{[10]}$$

Troisième remarque. *De la valeur moyenne quand les annuités sont payées de six en six mois.* — Supposons que l'amortissement ait lieu à l'aide de tirages semestriels, le nombre d'annuités est le double de celui des années de l'amortissement.

Cherchons quels seront les nombres d'obligations remboursées par chaque annuité. La loi de l'amortissement étant générale, on aura pour la suite de ces nombres (note II)

$$a_1\left[1+(1+s)^{\frac{1}{2}}+(1+s)^{\frac{2}{2}}+(1+s)^{\frac{3}{2}}+\ldots\ldots(1+s)^{\frac{2n-1}{2}}\right]=\mathrm{N},$$

d'où :

$$a_1=\frac{\mathrm{N}[(1+s)^{\frac{1}{2}}-1]}{(1+s)^n-1}$$

et

$$\frac{N[(1+s)^{\frac{1}{2}}-1]}{(1+s)^n-1}\left[1+(1+s)^{\frac{1}{2}}+(1+s)^{\frac{2}{2}}+\ldots\ldots(1+s)^{\frac{2n-1}{2}}\right]=N.$$

La valeur actuelle de toutes ces primes est la somme des escomptes de ces promesses aux échéances successives, éloignées les unes des autres de $\frac{1}{2}$ année, on aura (note III)

$$X=\frac{PN[(1+s)^{\frac{1}{2}}-1]}{(1+s)^n-1}\left[1+\left(\frac{1+s}{1+r}\right)^{\frac{1}{2}}+\left(\frac{1+s}{1+r}\right)^{\frac{2}{2}}+\left(\frac{1+s}{1+r}\right)^{\frac{3}{2}}+\ldots\ldots+\left(\frac{1+s}{1+r}\right)^{\frac{2n-1}{2}}\right],$$

faisant la somme on a :

$$X=\frac{PN[(1+s)^{\frac{1}{2}}-1]}{(1+s)^n-1}\left[\frac{1-\left(\frac{1+s}{1+r}\right)^n}{1-\left(\frac{1+s}{1+r}\right)^{\frac{1}{2}}}\right],$$

et enfin, la valeur moyenne de la prime est :

$$\frac{X}{N}=x=P\,\frac{(1+s)^{\frac{1}{2}}-1}{1-\left(\frac{1+s}{1+r}\right)^{\frac{1}{2}}}\left[\frac{1-\left(\frac{1+s}{1+r}\right)^n}{(1+s)^n-1}\right]\ldots\ldots\ldots\ldots\ldots\ldots\ldots\ldots[\alpha]$$

La formule [α] ne diffère de la formule [7] que par le coefficient de P en dehors de la parenthèse; je vais chercher à le simplifier.

On a :

$$(1+s)^{\frac{1}{2}}=1+\frac{s}{2},$$

en se contentant des deux premiers termes du développement de la puissance $\frac{1}{2}$, d'où :

$$(1+s)^{\frac{1}{2}}-1=\frac{s}{2},$$

on a aussi :

$$\frac{(1+s)^{\frac{1}{2}}}{(1+r)^{\frac{1}{2}}}=\frac{1+\frac{s}{2}}{1+\frac{r}{2}}=\frac{2+s}{2+r},$$

et,

$$1-\left(\frac{1+s}{1+r}\right)^{\frac{1}{2}}=1-\frac{2+s}{2+r}=\frac{r-s}{2+r},$$

d'où enfin :

$$\frac{(1+s)^{\frac{1}{2}}-1}{1-\left(\frac{1+s}{1+r}\right)^{\frac{1}{2}}}=\frac{\frac{s}{2}(2+r)}{r-s}=\frac{s\left(1+\frac{r}{2}\right)}{r-s}=\frac{s(1+r)^{\frac{1}{2}}}{r-s}.$$

D'après cela, on voit que la formule [α] peut être remplacée par la formule approchée :

$$x = P\frac{s(1+r)^{\frac{1}{2}}}{r-s}\left[\frac{1-\left(\frac{1+s}{1+r}\right)^n}{(1+s)^n-1}\right] \quad \text{[7 bis]}$$

Ce calcul prouve que l'on peut, sans erreur sensible, considérer la formule [7] comme générale, en ayant soin de donner à l'exposant de $(1+r)$ la valeur de la fraction d'année suivant laquelle se font les tirages.

On trouvera la formule [8 *bis*], de la valeur de la prime, *m* années avant le premier tirage semestriel, en l'escomptant à cette échéance.

$$x' = P\frac{s}{(r-s)(1+r)^{m-\frac{1}{2}}}\left[\frac{1-\left(\frac{1+s}{1+r}\right)^n}{(1=s)^n-1}\right] \quad \text{[8 bis}$$

FORMULES GÉNÉRALES DES TABLES I ET II

1° La formule de la table I se déduit de la formule [7] dans laquelle on fait :

$$P = 100 \qquad s = 0{,}03,$$

et l'on a

$$x = \frac{3(1+r)}{(r-0{,}03)}\left[\frac{1-\left(\frac{1{,}03}{1+r}\right)^n}{(1{,}03)^n-1}\right].$$

2° La formule de la valeur moyenne d'une prime de 100 fr. des obligations de l'Est, escomptée à 5 p. 100, la veille du tirage, s'obtient en faisant dans [7]

$$P = 100 \qquad s = 0{,}03846.. \qquad r = 0{,}05,$$

on a :

$$x = \frac{3{,}846(1{,}05)}{0{,}01154..}\left[\frac{1-\left(\frac{1{,}03846}{1{,}05}\right)^n}{(1{,}03846)^n-1}\right].$$

3° La formule analogue pour les obligations 4 p. 100 se déduira de [7] en y faisant.

$$P = 100 \qquad s = 0{,}04 \qquad r = 0{,}05,$$

$$x = \frac{4(1{,}05)}{0{,}01}\left[\frac{1-\left(\frac{1{,}04)}{1{,}05)}\right)^n}{(1{,}04)^n-1}\right].$$

4° On aura enfin pour la valeur moyenne de la prime des obligations 5 p. 100, escomptée à 4 p. 100 la veille du tirage, en substituant dans la formule [10] les valeurs de :

$$P = 100 \qquad s = 0,05,$$

$$x = \frac{5n}{(1,05)^n - 1}.$$

NOTE IV

CALCUL NUMÉRIQUE DE LA VALEUR MOYENNE D'UNE PRIME DE REMBOURSEMENT, D'UNE OBLIGATION D'UN TAUX NOMINAL DONNÉ.

Supposons une obligation rapportant 30 fr. d'intérêt annuel, remboursable à 500 fr. à l'aide de 47 tirages semestriels, soit en 23 ans et demi (*) ; on demande la valeur moyenne de sa prime de remboursement de 200 fr. escomptée à 10 p. 100, 6 mois avant le premier des tirages à effectuer.

La formule [8 *bis*] (note III, 3e remarque, page 45) nous servira à résoudre ce problème, elle donne :

$$x = \frac{Ps}{(r - s)(1 + r)^{m - \frac{1}{2}}} \left[\frac{1 - \left(\frac{1 + s}{1 + r}\right)^n}{(1 + s)^n - 1} \right].$$

Dans cette équation nous ferons :

$$P = 200^f,00$$
$$s = \frac{30}{500} = 0,06$$
$$r = 0,10$$
$$m = \frac{6}{12} \quad \text{et} \quad m - \frac{1}{2} = 0$$
$$n = 23,5$$

et l'on aura :

$$x = \frac{200^f \times 0,06}{0,04} \left[\frac{1 - \left(\frac{1,06}{1,10}\right)^{23,5}}{(1,06)^{23,5} - 1} \right].$$

(*) Il s'agit ici des obligations émises, en avril 1863, par la banque Impériale Ottomane.

CALCUL DE $(1,06)^{23,5} - 1$.	CALCUL DE $1 - \left(\frac{1,06}{1,10}\right)^{23,5}$	CALCUL DE x.
$\text{Log } 1,06 = 0,0253059$	$\text{Log } 1,1 = 0,0413927$	$\text{Log } 2,00 = 2,3010300$
23,5	23,5	$\text{Log } \frac{0,06}{0,04} = 0,1760913$
0,0126530	0,0206964	
0,0759177	0,1241781	$\text{Log}\left[1 - \left(\frac{1,06}{1,10}\right)^{23,5}\right] = 9,7643591$
0,506118	0,827854	$\text{Log } [(1,06)^{23,5} - 1] = 9,5327353$
$\text{Log } (1,06)^{23,5} = 0,5946887$	$\text{Log } (1,1)^{23,5} = 0,9727285$	$\text{Log } x = 1,7742157$
$(1,06)^{23,5} = 3,93268$	$\text{Log } (1,06)^{23,5} = 0,5946887$	$x = 59^{f},46$
$(1,06)^{23,5} - 1 = 2,93268$	$\text{Log } \left(\frac{1,06}{1,10}\right)^{23,5} = 9,6219602$	
$\text{Log } [(1,06)^{23,5} - 1] = 0,4672647$	$\left(\frac{1,06}{1,10}\right)^{23,5} = 0,418755$	
$\text{C. log } [(1,06)^{23,5} - 1] = 9,5327353$	$1 - \left(\frac{1,06}{1,10}\right)^{23,5} = 0,581245$	
	$\text{Log}\left[1 - \left(\frac{1,06}{1,10}\right)^{23,5}\right] = 9,7643591$	

NOTE V

CALCUL DE L'ESPÉRANCE D'UN SEUL TIRAGE

Nous avons vu (note II, page 39) que si un emprunt comprenant N obligations au taux nominal s doit être amorti en n annuités, le premier tirage désignera pour le remboursement a_1 obligations qui sont données par la relation :

$$a_1 = \frac{Ns}{(1+s)^n - 1},$$

La probabilité qu'a une obligation de sortir à ce tirage, sera donnée par le rapport du nombre d'obligations à amortir, au nombre total d'obligations de l'emprunt ; en appelant p cette probabilité on a :

$$p = \frac{a_1}{N} = \frac{s}{(1+s)^n - 1}.$$

Or, N et n peuvent être regardés comme exprimant le nombre d'obligations restant à amortir et le nombre d'annuités restant à courir, aussi bien qu'ils représentaient primitivement le nombre total d'obligations émises, et le nombre d'annuités de l'amortissement complet.

D'ailleurs, p est indépendant de N le nombre d'obligations restant à amortir; il est fonction seulement de s, le taux nominal, et de n, le nombre d'annuités restant à solder.

L'espérance d'une prime de 100 francs sera le produit : $100 \times p$, et en le désignant par E, on aura (*) :

$$E = \frac{s}{(1+s)^n - 1} \times 100^f \text{.................................} \quad [11]$$

NOTE VI

DÉLAI DU REMBOURSEMENT MOYEN D'UNE OBLIGATION D'UN TAUX NOMINAL DONNÉ, AMORTISSABLE EN TANT D'ANNUITÉS

Le délai moyen du remboursement s'obtient en divisant, par le nombre d'obligations d'un emprunt, la somme des années pendant lesquelles chacune d'elles doit rester en circulation.

Les nombres d'obligations remboursées par chaque annuité sont donnés par la formule (6)

$$\frac{Ns}{(1+s)^n - 1}\left[1 + (1+s) + (1+s)^2 + \ldots\ldots + (1+s)^{n-1}\right] = N.$$

Dans laquelle N est le nombre total d'obligations de l'emprunt, ou le nombre restant à amortir, n le nombre total ou le nombre restant d'annuités à courir, et s le taux nominal de l'intérêt. La somme des années vécues par toutes les obligations sera donc :

$$\frac{Ns}{(1+s)^n - 1}\left[1 + 2(1+s) + 3(1+s)^2 + 4(1+s)^3 + \ldots\ldots n(1+s)^{n-1}\right].$$

En divisant cette somme par N, nous aurons le délai moyen

$$D_m = \frac{s}{(1+s)^n - 1}\,T.$$

En désignant par T, la somme des termes compris entre parenthèses.

Pour trouver l'expression de T, on remarquera que la somme des termes qu'il repré-

(*) Voir: De l'espérance mathématique, première partie, page 31.

sente peut se décomposer en une suite de progressions géométriques, dont la somme sera donnée par celle des seconds membres des équations suivantes :

$$1+(1+s)+(1+s)^2+(1+s)^3+\ldots\ldots+(1+s)^{n-1}=\frac{(1+s)^n-1}{s}$$

$$+(1+s)+(1+s)^2+(1+s)^3+\ldots\ldots+(1+s)^{n-1}=\frac{(1+s)^n-(1+s)}{s}$$

$$+(1+s)^2+(1+s)^3+\ldots\ldots+(1+s)^{n-1}=\frac{(1+s)^n-(1+s)^2}{s}.$$

$$+(1+s)^3+\ldots\ldots+(1+s)^{n-1}=\frac{(1+s)^n-(1+s)^3}{s}$$

$$\ldots\ldots\ldots\ldots\ldots\ldots\ldots \quad \ldots\ldots\ldots\ldots\ldots$$

$$\ldots\ldots\ldots\ldots\ldots \quad \ldots\ldots\ldots\ldots\ldots$$

$$+(1+s)^{n-1}=\frac{(1+s)^n-(1+s)^{n-1}}{s}$$

faisant la somme des équations ci-dessus on aura :

$$T=1+2(1+s)+3(1+s)^2+4(1+s)^3+\ldots\ldots+n(1+s)^{n-1}=\frac{n(1+s)^n}{s}-\frac{(1+s)^n-1}{s^2},$$

ou

$$T=\frac{(ns-1)(1+s)^n+1}{s^2}.$$

Et enfin : introduisant la valeur de T dans l'expression de D_m on aura :

$$D_m=\frac{(ns-1)(1+s)^n+1}{s\left((1+s)^n-1\right)}\ldots\ldots\ldots\ldots\ldots\ldots\ldots\ldots\ldots\ldots [12]$$

NOTE VII

DÉLAI DU REMBOURSEMENT PROBABLE D'UNE OBLIGATION

Le délai probable du remboursement est égal au temps qui doit s'écouler, pour que la moitié des obligations émises ou restant à amortir soit diminuée de moitié.

Soit donc N le nombre d'obligations existant à une certaine époque, n le nombre d'annuités restant à courir, s le taux nominal de l'obligation.

Si nous appelons x le nombre cherché d'années au bout desquelles $\frac{N}{2}$ obligations seront remboursées, on aura d'après l'équation [6] :

$$\frac{Ns}{(1+s)^n-1}\left[1+(1+s)+(1+s)^2+\ldots\ldots+(1+s)^{x-1}\right]=\frac{N}{2};$$

d'où l'on tire :

$$\frac{(1+s)^x-1}{(1+s)^n-1}=\frac{1}{2},$$

et

$$(1+s)^x=\frac{(1+s)^n+1}{2};$$

enfin on aura en appelant D_p le délai probable cherché :

$$D_p=x=\frac{\log\frac{(1+s)^n+1}{2}}{\log(1+s)} \quad\ldots\ldots\ldots\ldots\ldots\ldots\ldots\ldots \quad [13]$$

NOTE VIII

CALCUL DE LA VALEUR PROBABLE D'UNE PRIME DE 100 FR. D'UNE OBLIGATION REMBOURSABLE EN TANT D'ANNÉES

La valeur probable de la prime donnée est l'escompte de cette prime, payable à l'expiration du délai probable trouvé plus haut.

Si donc :

r est le taux de l'escompte;

x le délai probable calculé à l'aide de la formule [13],

on aura, en appelant z cette valeur probable :

$$z=\frac{100}{(1+r)^x} \quad\ldots\ldots\ldots\ldots\ldots\ldots\ldots\ldots \quad [14]$$

OBLIGATIONS 4 P. 100

NOMS DES COMPAGNIES	DATES DES EMPRUNTS	NOMBRES D'OBLIGATIONS	INTÉRÊT ANNUEL	PRIX DE REMBOURSEMENT	LIMITES de L'AMORTISSEMENT	ÉPOQUES DES TIRAGES	ANNUITÉS RESTANT A SOLDER en 1863.
Nord	1851-55	375,000	15f	500f »	1852 à 1926	Avril.	64
Id.	1855-62	375,000	15	500 »	1856 à 1947	Id.	85
Paris à Lyon	1855	100,000	15	500 »	1856 à 1954	Mars.	92
Lyon-Méditerranée	1852-55	250,403	15	500 »	1856 à 1954	Id.	92
Paris, Lyon, Méditerranée (fusion)	1856	2,400,000	15	500 »	1856 à 1954	Id.	92
Est	1856-61	918,287	15	500 »	1863 à 1949	Janv.	87
Ouest	1855-61	1,350,000	15	500 »	1858 à 1951	Juin.	89
Orléans	1852-61	1,490,000	15	500 »	1857 à 1951	Déc.	89
Midi	1856-61	449,788	15	500 »	1859 à 1957	Avril.	95
Ardennes et l'Oise	1857-61	159,000	15	500 »	1861 à 1955	Déc.	93
Dauphiné	1858	148,000	15	500 »	1863 à 1958	Juin.	96
Bességes à Alais	1855-57	22,610	15	500 »	1858 à 1950	Déc.	88
Croix-Rousse	1861-62	3,680	15	500 »	1863 à 1949	Juin.	87
Dieuze	1862	5,900	15	500 »	1863 à 1949	Mars.	87
Lyon à Sathonay	1862	5,357	15	500 »	1863 à 1952	Id.	90
Rhône et Loire	1853	63,643	15	500 »	1854 à 1952	Déc.	90
Grand-Central	1855	131,007	15	500 »	1860 à 1958	Id.	96
Lyon à Genève	1855	87,719	15	500 »	1856 à 1954	Id.	92
Paris à Lyon par le Bourbonnais	1856	326,821	15	500 »	1855 à 1953	Id.	91
Victor-Emmanuel	1862	98,412	15	500 »	1863 à 1954	Oct.	92
Docks du Havre	1861	16,000	15	500 »	1862 à 1950	Déc.	88
Cie Immobilière de Paris	1861	63,158	15	500 »	1862 à 1951	Id.	89
Graissessac à Béziers	1855	26,500	7,50	250 »	1858 à 1937	Mai.	75
Charleroy à Erquelines	1853	17,418	16,87½	562 50	1854 à 1941	Déc.	79
Guillaume, Luxembourg	1853-61	42,000	15	500 »	1861 à 1954	Sept.	92
Autrichiens	1856-60	678,636	15	500 »	1860 à 1947	Juill.	85
Sud de l'Autriche	1855	784,379	15	500 »	1865 à 1954	Déc.	92
Lombard-Vénitien et Central-Italien	1856-61	470,000	15	500 »	1860 à 1949	Id.	87
Lignes d'Italie	1861	62,500	15	500 »	1867 à 1946	Id.	80
Saragosse	1857-61	500,000	15	500 »	1860 à 1953	Id	91
Cordoue à Séville	1859	36,821	15	500 »	1860 à 1956	Id.	94
Séville à Xérès	1859	50,000	15	500 »	1861 à 1907	Id.	45
Séville à Xérès (nouvelles)	1860	100,000	15	500 »	1862 à 1955	Avril.	93
Saragosse à Pampelune	1859	79,986	15	500 »	1864 à 1962	Mars.	99
Nord de l'Espagne	1860	400,000	15	500 »	1864 à 1958	Avril.	95
Montblanc à Reuss	1859	21,000	15	500 »	1861 à 1954	Mars.	92
Portugais	1861	10,000	15	500 »	1863 à 1959	Déc.	97
Romains	1858-61	355,250	15	500 »	1860 à 1953	Id.	91
Compagnie des Eaux	1853	20,000	15	500 »	1862 à 1951	Mars.	89
Versailles (R. D.)	1843	1,191	50f	1250f »	1845 à 1893	Nov.	31
Saint-Germain	1842-49	3,055	50	1250 »	1844 à 1893	Id.	31
Orléans (1842)	1842	8,888	50	1250 »	1845 à 1891	Déc.	29
Id. (1848)	1848	13,333	50	1250 »	1849 à 1938	Id.	76
Rouen	1847-49	9,781	50	1250 »	1848 à 1924	Nov.	62
Havre	1845-47	5,408	50	1250 »	1847 à 1925	Id	63
Strasbourg à Bâle	1843	2,775	50	1250 »	1845 à 1891	Janv.	29
Montereau	1852	3,300	50	1250 »	1853 à 1927	Id.	65
Lyon	1852	80,000	50	1250 »	1856 à 1905	Sept.	43
Avignon à Marseille	1850	7,068	50	1250 »	1852 à 1884	Déc.	22
Ouest	1852-55	9,077	50	1250 »	1854 à 1903	Juin.	41
Saint-Étienne (emprunts réunis)	1841	206	50	1250 »	1842 à 1871	Mai.	9
Saint-Étienne	1850	5,841	50	1250 »	1853 à 1927	Déc.	65
Bâle à Wissembourg	1852	20,000	25	625 »	1856 à 1905	Janv.	43
Méditerranée	1852	120,000	25	625 »	1856 à 1954	Sept.	92
Rhône et Loire	1853	102,611	25	625 »	1854 à 1952	Déc.	90
Orsay (1er emprunt)	1853	1,200	50	1250 »	1854 à 1903	Juill.	41
Id. (2e emprunt)	1855	5,893	20	500 »	1856 à 1905	Id.	43
Amiens à Boulogne	1848	2,363	20	500 »	1853 à 1869	Avril.	7
Obligations du Trésor	1860-61	699,999	20	500 »	1862 à 1889	Janv.	27

OBLIGATIONS 5 P. 100

NOMS DES COMPAGNIES	DATES DES EMPRUNTS	NOMBRES D'OBLIGATIONS	INTÉRÊT ANNUEL	PRIX DE REMBOURSEMENT	LIMITES de L'AMORTISSEMENT	ÉPOQUES DES TIRAGES	ANNUITÉS RESTANT A SOLDER en 1863.
Cie des Omnibus	1860	17,000	25	500 »	1868 à 1910	»	48
Éclairage et chauffage par le gaz	1858	25,300	25	500 »	1861 à 1905	»	43

OBLIGATIONS ANCIENNES DE L'EST

NOMS DES COMPAGNIES	DATES DES EMPRUNTS	NOMBRES D'OBLIGATIONS	INTÉRÊT ANNUEL	PRIX DE REMBOURSEMENT	LIMITES de L'AMORTISSEMENT	ÉPOQUES DES TIRAGES	ANNUITÉS RESTANT A SOLDER en 1863.
Est (anciennes)	1852-54	368,828	25	650 »	1855 à 1949	Janv.	87

Formule générale :

$$x = \frac{3(1+r)\left[1-\left(\frac{1,03}{1+r}\right)^n\right]}{(r-0,03)\left[(1,03)^n-1\right]}$$

OBLIGATIONS 3 P. 100

Valeur moyenne au taux r, LA VEILLE DU TIRAGE, **d'une prime de 100 francs,** d'une obligation remboursable par la voie du sort dans un délai de n années, à l'aide de n annuités.

Valeurs moyennes successives de l'escompte au taux r, d'une prime de 100 francs, calculées pour la veille du premier des tirages annuels restant à effectuer pour compléter l'amortissement de l'emprunt.

TAUX r p. 100.	NOMBRE n D'ANNUITÉS A REMBOURSER POUR LE COMPLET AMORTISSEMENT DE L'EMPRUNT										TAUX r p. 100.
	$n=1$	$n=2$	$n=3$	$n=4$	$n=5$	$n=6$	$n=7$	$n=8$	$n=9$	$n=10$	
	fr.	fr.	fr.	fr.	fr.	fr.	fr.	fr.	fr.	fr.	
4,0	100,000	98,048	96,129	94,242	92,384	90,557	88,762	86,995	85,258	83,552	4,0
4,1	100,000	98,001	96,037	94,107	92,209	90,343	88,509	86,707	84,938	83,198	4,1
4,2	100,000	97,954	95,946	93,972	92,034	90,130	88,258	86,421	84,617	82,846	4,2
4,3	100,000	97,907	95,855	93,839	91,860	89,917	88,007	86,136	84,300	82,498	4,3
4,4	100,000	97,861	95,764	93,705	91,686	89,705	87,760	85,854	83,985	82,152	4,4
4,5	100,000	97,815	95,674	93,572	91,513	89,493	87,514	85,575	83,672	81,806	4,5
4,6	100,000	97,767	95,583	93,439	91,340	89,282	87,268	85,293	83,360	81,464	4,6
4,7	100,000	97,722	95,493	93,307	91,168	89,073	87,023	85,015	83,050	81,125	4,7
4,8	100,000	97,677	95,403	93,176	90,997	88,864	86,779	84,739	82,742	80,788	4,8
4,9	100,000	97,630	95,313	93,045	90,827	88,658	86,538	84,464	82,436	80,454	4,9
5,0	100,000	97,584	95,223	92,914	90,658	88,452	86,297	84,190	82,133	80,121	5,0
5,1	100,000	97,538	95,134	92,784	90,489	88,247	86,057	83,917	81,831	79,792	5,1
5,2	100,000	97,492	95,044	92,654	90,320	88,043	85,819	83,649	81,531	79,465	5,2
5,3	100,000	97,446	94,956	92,524	90,152	87,840	85,582	83,381	81,233	79,139	5,3
5,4	100,000	97,401	94,866	92,395	89,984	87,637	85,345	83,113	80,937	78,815	5,4
5,5	100,000	97,354	94,778	92,266	89,818	87,436	85,110	82,847	80,642	78,494	5,5
5,6	100,000	97,309	94,689	92,138	89,653	87,234	84,877	82,583	80,349	78,174	5,6
5,7	100,000	97,264	94,601	92,009	89,489	87,034	84,645	82,320	80,058	77,857	5,7
5,8	100,000	97,218	94,514	91,882	89,325	86,836	84,413	82,058	79,760	77,543	5,8
5,9	100,000	97,173	94,425	91,755	89,161	86,637	84,183	81,798	79,482	77,230	5,9
6,0	100,000	97,128	94,339	91,628	88,997	86,439	83,954	81,541	79,197	76,920	6,0
6,1	100,000	97,083	94,251	91,501	88,833	86,242	83,726	81,284	78,912	76,612	6,1
6,2	100,000	97,038	94,164	91,375	88,671	86,045	83,498	81,028	78,630	76,305	6,2
6,3	100,000	96,993	94,078	91,249	88,509	85,851	83,273	80,774	78,350	76,000	6,3
6,4	100,000	96,948	93,991	91,123	88,348	85,656	83,048	80,522	78,072	75,699	6,4
6,5	100,000	96,903	93,905	90,999	88,187	85,464	82,824	80,271	77,796	75,399	6,5
6,6	100,000	96,859	93,820	90,875	88,028	85,272	82,603	80,020	77,522	75,101	6,6
6,7	100,000	96,814	93,735	90,751	87,869	85,080	82,382	79,772	77,248	74,805	6,7
6,8	100,000	96,770	93,647	90,628	87,710	84,889	82,162	79,526	76,976	74,511	6,8
6,9	100,000	96,725	93,562	90,505	87,552	84,699	81,943	79,279	76,706	74,219	6,9
7,0	100,000	96,881	93,476	90,382	87,394	84,510	81,724	79,034	76,438	73,928	7,0

Formule générale :

$$x = \frac{3(1+r)\left[1 - \left(\frac{1,03}{1+r}\right)^n\right]}{(r - 0,03)\left[(1,03)^n - 1\right]}$$

OBLIGATIONS 3 P. 100

Valeur moyenne au taux r, LA VEILLE DU TIRAGE, d'une prime de 100 francs, d'une obligation remboursable par la voie du sort, à l'aide de n annuités.

Valeurs moyennes successives de l'escompte au taux r, d'une prime de 100 francs, calculées pour la veille du premier des tirages annuels restant à effectuer pour compléter l'amortissement de l'emprunt.

TAUX r p. 100.	NOMBRES n D'ANNUITÉS A REMBOURSER POUR LE COMPLET AMORTISSEMENT DE L'EMPRUNT										TAUX r p. 100.
	$n = 11$	$n = 12$	$n = 13$	$n = 14$	$n = 15$	$n = 16$	$n = 17$	$n = 18$	$n = 19$	$n = 20$	
	fr.	fr.	fr.	fr.	fr.	fr.	fr.	fr.	fr.	fr.	
4,0	81,873	80,224	78,602	77,009	75,443	73,902	72,389	70,903	69,443	68,009	4,0
4,1	81,488	79,809	78,161	76,542	74,950	73,387	71,852	70,344	68,865	67,413	4,1
4,2	81,107	79,399	77,724	76,078	74,463	72,877	71,320	69,793	68,295	66,825	4,2
4,3	80,728	78,992	77,291	75,619	73,981	72,373	70,795	69,248	67,732	66,244	4,3
4,4	80,352	78,589	76,861	75,165	73,504	71,873	70,276	68,709	67,176	65,671	4,4
4,5	79,979	78,188	76,434	74,714	73,032	71,379	69,763	68,177	66,626	65,105	4,5
4,6	79,609	77,791	76,012	74,269	72,563	70,890	69,255	67,652	66,084	64,547	4,6
4,7	79,241	77,397	75,593	73,827	72,099	70,407	68,753	67,133	65,547	63,996	4,7
4,8	78,876	77,007	75,178	73,390	71,640	69,929	68,256	66,619	65,017	63,452	4,8
4,9	78,514	76,620	74,766	72,956	71,185	69,456	67,764	66,110	64,494	62,916	4,9
5,0	78,156	76,236	74,359	72,526	70,735	68,987	67,278	65,608	63,977	62,384	5,0
5,1	77,800	75,854	73,954	72,101	70,289	68,522	66,797	65,113	63,467	61,861	5,1
5,2	77,447	75,475	73,554	71,679	69,849	68,063	66,322	64,623	62,965	61,345	5,2
5,3	77,095	75,100	73,156	71,261	69,413	67,610	65,853	64,139	62,472	60,836	5,3
5,4	76,746	74,727	72,762	70,848	68,981	67,161	65,388	63,660	61,973	60,332	5,4
5,5	76,401	74,359	72,372	70,438	68,553	66,716	64,929	63,186	61,489	59,834	5,5
5,6	76,058	73,994	71,985	70,032	68,129	66,277	64,474	62,717	61,010	59,344	5,6
5,7	75,715	73,631	71,601	69,630	67,709	65,842	64,024	62.255	60,536	58,860	5,7
5,8	75,377	73,271	71,221	69,231	67,293	65,411	63,580	61,797	60,067	58,383	5,8
5,9	75,041	72,914	70,845	68,836	66,882	64,984	63,140	61 345	59,603	57,910	5,9
6,0	74,708	72,559	70,471	68,444	66,475	64,562	62,705	60,899	59,146	57,444	6,0
6,1	74,376	72,207	70,100	68,056	66,071	64,144	62,275	60,458	58,694	56,983	6,1
6,2	74,048	71,858	69,733	67,671	65,671	63,731	61,850	60,022	58,248	56,528	6,2
6,3	73,723	71,512	69,368	67,291	65,275	63,322	61,428	59,591	57,807	56,078	6,3
6,4	73,399	71,168	69,007	66,913	64,884	62,918	61,010	59,163	57,371	55,635	6,4
6,5	73,078	70,827	68,650	66,540	64,496	62,516	60,598	58,741	56,941	55,197	6,5
6,6	72,759	70,490	68,296	66,169	64,112	62,120	60,190	58,324	56,516	54,764	6,6
6,7	72,442	70,155	67,944	65,802	63,731	61,727	59,787	57,911	56,095	54,337	6,7
6,8	72,127	69,823	67,594	65,438	63,354	61,338	59,389	57,504	55,679	53,915	6,8
6,9	71,816	69,492	77,247	65,078	62,981	60,954	58,995	57,100	55,269	53,499	6,9
7,0	71,506	69,165	66,904	64,720	62,612	60,574	58,605	56,702	54,864	53,088	7,0

Formule générale :

$$x = \frac{3(1+r)\left[1-\left(\frac{1,03}{1+r}\right)^n\right]}{(r-0,03)\left[(1,03)^n-1\right]}$$

OBLIGATIONS 3 P. 100

Valeur moyenne au taux r, LA VEILLE DU TIRAGE, **d'une prime de 100 francs,** d'une obligation remboursable par la voie du sort, à l'aide de n annuités.

Valeurs moyennes successives de l'escompte au taux r, **d'une prime de 100 francs,** calculées pour la veille du premier des tirages annuels restant à effectuer pour compléter l'amortissement de l'emprunt.

TAUX r p. 100.	NOMBRES n D'ANNUITÉS A REMBOURSER POUR LE COMPLET AMORTISSEMENT DE L'EMPRUNT										TAUX r p. 100.
	$n = 21$	$n = 22$	$n = 23$	$n = 24$	$n = 25$	$n = 26$	$n = 27$	$n = 28$	$n = 29$	$n = 30$	
	fr.	fr.	fr.	fr.	fr.	fr.	fr.	fr.	fr.	fr.	
4,0	66,601	65,217	63,858	62,523	61,212	59,925	58,661	57,420	56,202	55,007	4,0
4,1	65,986	64,587	63,213	61,864	60,541	59,241	57,967	56,717	55,489	54,285	4,1
4,2	65,380	63,966	62,578	61,215	59,880	58,569	57,285	56,025	54.789	53,577	4,2
4,3	64,784	63.354	61,932	60,577	59,231	57,909	56,616	55,346	54,102	52,882	4,3
4,4	64,196	62,752	61,335	59,950	58,592	57,260	55,956	54,678	53,428	52,201	4,4
4,5	63,616	62,158	60,729	59,331	57,962	56,621	55,309	54,023	52,766	51,533	4,5
4,6	63,045	61,573	60,131	58,722	57,343	55,993	54,672	53,380	52,116	50,877	4,6
4,7	62.481	60.996	59,542	58,122	56,734	55,375	54,017	52,748	51,478	50,235	4,7
4,8	61,924	60,427	58,962	57,532	56,134	54,767	53.432	52,127	50,851	49,604	4,8
4,9	61,374	59,865	58,391	56,951	55,544	54,169	52,826	51,516	50,236	48,984	4,9
5,0	60,832	59,312	57,828	56,378	54,964	53,581	52,232	50,917	49,631	48,377	5,0
5,1	60,297	58,766	57,273	55,814	54,393	53,004	51,648	50,328	49,039	47,781	5,1
5,2	59,769	58,228	56,726	55,259	53,831	52,435	51,075	49,749	48,457	47,196	5,2
5,3	59,247	57,697	56,186	54,713	53,277	51,876	50,511	49.180	47,885	46,622	5,3
5,4	58,733	57,173	55,654	54,173	52,732	51,326	49,956	48,622	47,323	46,059	5,4
5,5	58,226	56,657	55,130	53.642	52,195	50,785	49,411	48,073	46,771	45,505	5,5
5,6	57,725	56,148	54,614	53,120	51,667	50,254	48,875	47,533	46,230	44,961	5,6
5,7	57,231	55,647	54,105	52.605	51,146	49,726	48.347	47,002	45,698	44,427	5,7
5,8	56,745	55,152	53,603	52,098	50,634	49,211	47.827	46,480	45,175	43,903	5,8
5,9	56,265	54,664	53,109	51,598	50,130	48,704	47,317	45,968	44,661	43,389	5,9
6,0	55,790	54,183	52,622	51.106	49,633	48.203	46,815	45,466	44,156	42,882	6,0
6,1	55,321	53,708	52,142	50,621	49,144	47,712	46,321	44,971	43,659	42,385	6,1
6,2	54,859	53,240	51,668	50,143	48,662	47,228	45,833	44,183	43,172	41,898	6,2
6,3	54,404	52.778	51,202	49,672	48,189	46,752	45,355	44,005	42,693	41,419	6,3
6,4	53,953	52,322	50,741	49,207	47,722	46,283	44,885	43,534	42,222	40,949	6,4
6,5	53,509	51,872	50,287	48.750	47,264	45,822	44,425	43,071	41,759	40,488	6,5
6,6	53,071	51,429	49,840	48,301	46,811	45,369	43.970	42,616	41,305	40,034	6,6
6,7	52,638	50.992	49,399	47,857	46,364	44,921	43,520	42,168	40,858	39,588	6,7
6,8	52,211	50,561	48,964	47,419	45,924	44,480	43,080	41,728	40,419	39,150	6,8
6,9	51,790	50,135	48,535	46,988	45,492	44,018	42,647	41,295	39,988	38,720	6,9
7,0	51,373	49,715	48,111	46,562	45,067	43,621	42,221	40,869	39,564	38,298	7,0

Formule générale :

$$x = \frac{3(1+r)\left[1-\left(\frac{1,03}{1+r}\right)^n\right]}{(r-0,03)\left[(1,03)^n-1\right]}$$

OBLIGATIONS 3 P. 100

Valeur moyenne au taux r, LA VEILLE DU TIRAGE, **d'une prime de 100 francs,** d'une obligation remboursable par la voie du sort, à l'aide de n annuités.

Valeurs moyennes successives de l'escompte au taux r, d'une prime de 100 francs, calculées pour la veille du premier des tirages annuels restant à effectuer pour compléter l'amortissement de l'emprunt.

TAUX r p. 100.	NOMBRES n D'ANNUITÉS A REMBOURSER POUR LE COMPLET AMORTISSEMENT DE L'EMPRUNT										TAUX r p. 100.
	$n = 31$	$n = 32$	$n = 33$	$n = 34$	$n = 35$	$n = 36$	$n = 37$	$n = 38$	$n = 39$	$n = 40$	
	fr.	fr.	fr.	fr.	fr.	fr.	fr.	fr.	fr.	fr.	
4,0	53,832	52,681	51,551	50,443	49,354	48,286	47,238	46,210	45,202	44,214	4,0
4,1	53,103	51,945	50,809	49,696	48,604	47,531	46,479	45,449	44,439	43,449	4,1
4,2	53,388	51,224	50,083	48,965	47,870	46,792	45,738	44,706	43.695	42,703	4,2
4,3	51,688	50,518	49,372	48,250	47,151	46,070	45,014	43,980	42,968	41,976	4,3
4,4	51,001	49,826	48,676	47,550	46,447	45,365	44,307	43,272	42,259	41,269	4,4
4,5	50,328	49,148	47,994	46,864	45,759	44,676	43,616	42,581	41,568	40,576	4,5
4,6	49,668	48,484	47,326	46,194	45,086	44,002	42,942	41,906	40,893	39,901	4,6
4,7	49,021	47,833	46,671	45,538	44,428	43,343	42,283	41,247	40,234	39,244	4,7
4,8	48,386	47,194	46,030	44,895	43,784	42,698	41,639	40,604	39,590	38,602	4,8
4,9	47,762	46,568	45,402	44,265	43,154	42,067	41,010	39,974	38,962	37,976	4,9
5,0	47,151	45,955	44,787	43,648	42,536	41,451	40,394	39,359	38,349	37,365	5,0
5,1	46,552	45,354	44,185	43,045	41,932	40,847	39,792	38,758	37,750	36,769	5,1
5,2	45,964	44,765	43,595	42,455	41,342	40,257	39,203	38,171	37,166	36,187	5,2
5,3	45,388	44,188	43,017	41,876	40,765	39,681	38,627	37,597	36,596	35,617	5,3
5,4	44,823	43,621	42,451	41,310	40,200	39,117	38,064	37,037	36,039	35,063	5,4
5,5	44,268	43,065	41,896	40,755	39,646	38,565	37,515	36,489	35,493	34,521	5,5
5,6	43,724	42,522	41,351	40,211	39,104	38,025	36,974	35,953	34,961	33,993	5,6
5,7	43,190	41,987	40,817	39,679	38,573	37,496	36,448	35,430	34,441	33,478	5,7
5,8	42,666	41,462	40,294	39,158	38,053	36,979	35,934	34,919	33,935	32,973	5,8
5,9	42,151	40,948	39,781	38,646	37,544	36,472	35,430	34,418	33,437	32,481	5,9
6,0	41,646	40,445	39,278	38,145	37,045	35,975	34,938	33,930	32,951	32,000	6,0
6,1	41,150	39,951	38,785	37,654	36,556	35,489	34,456	33,452	32,477	31,530	6,1
6,2	40,663	39,466	38,302	37,173	36,077	35,014	33,985	32,984	32,013	31,070	6,2
6,3	40,185	38,989	37,828	36,701	35,608	34,549	33,523	32,526	31,559	30,620	6,3
6,4	39,716	38,521	37,363	36,239	35,149	34,094	33,071	32,078	31,116	30,181	6,4
6,5	39,254	38,063	36,906	35,786	34,699	33,648	32,628	31,640	30,681	29,752	6,5
6,6	38,802	37,613	36,459	35,342	34,257	33,211	32,195	31,211	30,256	29,333	6,6
6,7	38,359	37,171	36,021	34,907	33,824	32,783	31,772	30,791	29,842	28,924	6,7
6,8	37,925	36,738	35,590	34,480	33,401	32,364	31,357	30,380	29,437	28,523	6,8
6,9	37,498	36,313	35,168	34,061	32,988	31,953	30,950	29,979	29,040	28,131	6,9
7,0	37,077	35,895	34,755	33,650	32,584	31,550	30,553	29,587	28,652	27,748	7,0

Formule générale :

$$x = \frac{3(1+r)\left[1 - \left(\frac{1,03}{1+r}\right)^n\right]}{(r-0,03)\left[(1,03)^n - 1\right]}$$

OBLIGATIONS 3 P. 100

Valeur moyenne au taux r, LA VEILLE DU TIRAGE, **d'une prime de 100 francs,** d'une obligation remboursable par la voie du sort à l'aide de n annuités.

Valeurs moyennes successives de l'escompte au taux r, d'une prime de 100 francs, calculées pour la veille du premier des tirages annuels restant à effectuer pour compléter l'amortissement de l'emprunt.

TAUX r p. 100.	NOMBRES n D'ANNUITÉS A REMBOURSER POUR LE COMPLET AMORTISSEMENT DE L'EMPRUNT										TAUX r p. 100.
	$n = 41$	$n = 42$	$n = 43$	$n = 44$	$n = 45$	$n = 46$	$n = 47$	$n = 48$	$n = 49$	$n = 50$	
	fr.	fr.	fr.	fr.	fr.	fr.	fr.	fr.	fr.	fr.	
4,0	43,243	42,292	41,360	40.446	39,549	38,670	37,809	36,965	36,136	35.326	4,0
4,1	42,478	41,528	40,595	39,682	38,785	37,908	37,049	36,207	35,382	34,573	4,1
4,2	41,732	40,782	39,850	38,939	38,043	37,167	36,310	35,471	34,649	33,844	4,2
4.3	41,005	40,055	39,125	38,215	37,321	36,448	35,592	34,757	33,938	33,137	4,3
4,4	40,297	39,348	38,419	37,509	36,619	35,748	34,896	34,063	33,249	32,451	4,4
4,5	39,606	38,658	37,732	36,823	35,936	35,070	34,222	33,390	32,581	31,787	4,5
4,6	38,933	37,986	37,062	36,155	35,273	34,409	33,567	32,737	31,932	31,142	4,6
4,7	38,277	37,332	36,409	35,507	34,628	33,767	32,930	32.104	31,302	30,517	4,7
4,8	37,637	36,694	35,774	34,875	34,000	33,142	32,310	31,488	30,690	29,910	4,8
4,9	37,013	36,072	35,155	34,260	33,388	32,535	31,705	30,888	30,096	29,322	4,9
5,0	36,404	35,467	34,553	33,661	32,793	31,942	31,117	30,306	29,519	28,750	5,0
5,1	35,811	34,877	33,968	33,078	32,214	31,367	30,547	29,741	28,959	28,195	5,1
5,2	35,232	34,301	33,397	32,510	31,650	30,809	29,993	29,192	28,415	27,657	5.2
5,3	34,667	33,740	32,839	31,956	31,102	30,266	29,454	28,659	27,887	27,134	5,3
5,4	34,115	33,193	32,295	31,417	30,567	29,737	28,929	28,140	27,374	26,627	5,4
5,5	33,578	32,659	31,765	30,892	30,046	29,220	28,419	27,635	26,875	26,135	5,5
5,6	33,054	32,138	31,248	30,382	29,540	28,718	27,922	27,144	26,391	25,656	5,6
5,7	32,541	31,628	30,744	29,883	29,045	28,229	27,439	26,667	25,918	25,190	5,7
5,8	32,041	31,132	30,252	29,397	28,564	27,755	26,969	26,202	25,459	24,737	5,8
5,9	31,553	30,648	29,773	28,922	28.096	27,292	26,511	25,751	25,014	24,297	5,9
6,0	31,076	30,177	29,306	28,460	27,638	26,840	26,065	25,312	24,580	23,870	6,0
6,1	30,611	29,717	28,851	28,009	27,194	26,401	25,631	24,883	24,158	23,454	6,1
6,2	30.156	29,268	28,407	27,571	26,760	25,974	25,209	24,467	23,748	23,030	6,2
6,3	29,711	28,829	27,973	27,143	26,338	25,557	24,799	24,062	23,349	22,658	6,3
6,4	29,277	28,400	27,550	26,725	25,926	25,150	24,398	23,668	22,961	22,275	6,4
6,5	28,833	27,981	27,137	26,318	25,524	24,753	24,007	23,284	22.582	21,902	6,5
6,6	28,439	27,573	26,734	25,920	25,132	24,366	23,626	22,909	22,213	21,539	6,6
6,7	28,034	27,174	26,340	25,531	24,749	23,989	23,255	22,544	21,853	21,187	6,7
6,8	27,640	26,784	25,955	25,151	24,375	23,622	22,894	22,189	21,506	20,845	6,8
6,9	27,253	26,403	25,579	24,782	24,011	23,264	22,542	21,843	21,166	20,511	6,9
7,0	26,875	26,030	25,212	24,421	23,657	22,915	22,198	21,506	20,835	20,186	7,0

Formule générale :

$$x = \frac{3(1+r)\left[1 - \left(\frac{1,03}{1+r}\right)^n\right]}{(r - 0,03)\left[(1,03)^n - 1\right]}$$

OBLIGATIONS 3 P. 100

Valeur moyenne au taux *r*, LA VEILLE DU TIRAGE, d'une prime de 100 francs, d'une obligation remboursable par la voie du sort, à l'aide de *n* annuités.

Valeurs moyennes successives de l'escompte au taux *r*, d'une prime de 100 francs, calculées pour la veille du premier des tirages restant à effectuer pour compléter l'amortissement de l'emprunt.

TAUX r p. 100.	NOMBRES n D'ANNUITÉS A REMBOURSER POUR LE COMPLET AMORTISSEMENT DE L'EMPRUNT										TAUX r p. 100.
	$n = 51$	$n = 52$	$n = 53$	$n = 54$	$n = 55$	$n = 56$	$n = 57$	$n = 58$	$n = 59$	$n = 60$	
	fr.	fr.	fr.	fr.	fr.	fr.	fr.	fr.	fr.	fr.	
4,0	34,530	33,751	32,988	32,240	31,506	30,788	30,085	29,397	28,723	28,061	4,0
4,1	33,781	33,007	32,247	31,502	30,775	30,062	29,363	28,680	28,012	27,356	4,1
4,2	33,056	32,285	31,530	30,789	30,668	29,360	28,666	27,988	27,326	26,677	4,2
4,3	32,353	31,586	30,836	30,101	29,384	28,681	27,993	27,321	26,665	26,022	4,3
4,4	31,672	30,909	30,164	29,436	28,722	28,025	27,344	26,677	26,027	25,390	4,4
4,5	31,012	30,255	29.513	28,791	28,082	27,391	26,716	26,056	25,411	24,781	4,5
4,6	30,372	29,619	28,884	28,165	27,463	26,778	26,109	25,456	24,817	24,194	4,6
4,7	29,753	29,004	28,274	27,560	26,865	26,186	25,521	24,876	24,244	23,627	4,7
4,8	29,151	28,408	27,683	26,976	26,287	25,615	24,957	24,317	23,691	23,080	4,8
4,9	28,567	27,831	27,113	26,411	25,728	25,061	24,410	23,776	23,157	22,551	4,9
5,0	28,000	27,271	26,559	25,863	25,186	24,524	23,881	23,252	22,640	22,043	5,0
5,1	27,451	26,727	26,021	25,332	24,661	24,005	23,369	22,745	22,141	21,551	5,1
5,2	26,919	26,200	25,500	24,818	24,152	23,504	22,873	22,257	21,659	21,075	5,2
5,3	26,403	25,689	24,994	24,319	23,661	23,018	22,394	21,785	21,193	20,616	5,3
5,4	25,901	25,190	23,506	23,835	23,184	22,548	21,930	21,329	20,743	20,172	5,4
5,5	25,415	24,712	24,031	23,366	22,722	22,092	21,481	20,886	20,305	19,742	5,5
5,6	24,942	24,246	23,570	22,912	22,274	21,650	21,047	20,458	19,883	19,328	5,6
5,7	24,483	23,791	23,123	22,471	21,839	21,222	20,625	20,043	19,475	18,926	5,7
5,8	24,037	23,353	22,688	22,044	21,417	20,807	20,216	19,640	19,081	18,538	5,8
5,9	23,603	22,925	22,267	21,629	21,008	20,405	19,821	19,252	18,699	18,163	5,9
6,0	23,182	22,510	21,859	21,227	20,613	20,017	19,438	18,875	18,330	17,800	6,0
6,1	22,773	22,107	21,463	20,837	20,229	19,640	19,067	18,510	17,972	17,448	6,1
6,2	22,375	21,715	21,078	20,459	19,856	19,273	18,707	18,157	17,625	17,108	6,2
6,3	21,988	21,334	20,704	20,091	19,495	18,917	18,358	17,815	17,289	16,778	6,3
6,4	21,612	20,964	20,340	19,733	19,145	18,573	18,020	17,483	16,964	16,458	6,4
6,5	21,246	20,604	19,988	19,386	18,805	18,239	17,692	17,161	16,648	16,149	6,5
6,6	20,890	20,254	19,645	19,049	18,474	17,914	17,374	16,849	16,342	15,849	6,6
6,7	20,543	19,915	19,310	18,722	18,152	17,599	17,065	16,546	16,045	15,558	6,7
6,8	20,204	19,585	18,985	18,403	17,839	17,293	16,765	15,253	15,757	15,276	6,8
6,9	19,872	19,263	18,669	18,093	17,535	16,996	16,474	15,967	15,478	15,003	6,9
7,0	19,558	18,950	18,361	17,792	17,231	16,707	16,190	15,690	15,207	14,738	7,0

TABLE I.

Formule générale :

$$x = \frac{3(1+r)\left[1 - \left(\frac{1{,}03}{1+r}\right)^n\right]}{(r - 0{,}03)\left[(1{,}03)^n - 1\right]}$$

OBLIGATIONS 3 P. 100

Valeur moyenne au taux r, LA VEILLE DU TIRAGE, **d'une prime de 100 francs,** d'une obligation remboursable par la voie du sort, à l'aide de n annuités.

Valeurs moyennes successives de l'escompte au taux r, d'une prime de 100 francs, calculées pour la veille du premier des tirages annuels restant à effectuer pour compléter l'amortissement de l'emprunt.

TAUX r p. 100.	NOMBRES n D'ANNUITÉS A REMBOURSER POUR LE COMPLET AMORTISSEMENT DE L'EMPRUNT										TAUX r p. 100.
	$n = 61$	$n = 62$	$n = 63$	$n = 64$	$n = 65$	$n = 66$	$n = 67$	$n = 68$	$n = 69$	$n = 70$	
	fr.	fr.	fr.	fr.	fr.	fr.	fr.	fr.	fr.	fr.	
4,0	27,414	26,780	26,160	25,553	24,958	24,375	23,806	23,248	22,703	22,168	4,0
4,1	26,715	26,087	25,474	24,872	24,284	23,710	23,146	22,597	22,057	21,531	4,1
4,2	26,041	25,420	24,814	24,218	23,637	23,070	22,513	21,971	21,439	20,919	4,2
4,3	25,392	24,777	24,177	23,590	23,015	22,454	21,905	21,369	20,843	20,333	4,3
4,4	24,768	24,159	23,566	22,984	22,418	21,862	21,322	20,792	20,276	19,771	4,4
4,5	24,166	23,565	22,978	22,402	21,844	21,296	20,762	20,240	19,729	19,231	4,5
4,6	23,585	22,991	22,409	21,842	21,290	20,749	20,222	19,707	19,203	18,714	4,6
4,7	23,026	22,438	21,862	21,303	20,758	20,224	19,705	19,196	18,698	18,218	4,7
4,8	22,485	21,904	21,336	20,784	20,246	19,719	19,206	18,705	18,214	17,740	4,8
4,9	21,963	21,389	20,828	20,284	19,732	19,232	18,726	18,233	17,750	17,282	4,9
5,0	21,460	20,893	20,338	19,801	19,276	18,763	18,265	17,779	17,305	16,843	5,0
5,1	20,976	20,414	19,868	19,337	18,818	18,312	17,822	17,342	16,876	16,420	5,1
5,2	20,507	19,953	19,414	18,889	18,377	17,879	17,394	16,921	16,460	16,014	5,2
5,3	20,055	19,508	18,975	18,457	17,952	17,461	16,982	16,517	16,069	15,624	5,3
5,4	19,619	19,077	18,551	18,040	17,543	17,058	16,587	16,128	15,683	15,248	5,4
5,5	19,196	18,661	18,143	17,637	17,148	16,670	16,205	15,754	15,314	14,887	5,5
5,6	18,788	18,261	17,748	17,250	16,766	16,296	15,837	15,393	14,959	14,538	5,6
5,7	18,392	17,873	17,367	16,876	16,397	15,934	15,481	15,044	14,618	14,203	5,7
5,8	18,010	17,498	16,997	16,514	16,042	15,585	15,140	14,707	14,289	13,880	5,8
5,9	17,641	17,135	16,642	16,165	15,699	15,249	14,810	14,384	13,973	13,569	5,9
6,0	17,284	16,784	16,299	15,828	15,369	14,924	14,492	14,073	13,667	13,269	6,0
6,1	16,939	15,447	15,966	15,502	15,050	14,611	14,185	13,772	13,373	12,980	6,1
6,2	16,604	16,119	15,644	15,187	14,742	14,309	13,889	13,481	13,088	12,702	6,2
6,3	16,281	15,802	15,334	14,882	14,443	14,017	13,602	13,200	12,812	12,433	6,3
6,4	15,968	15,494	15,033	14,587	14,154	13,734	13,325	12,930	12,547	12,174	6,4
6,5	15,665	15,196	14,742	14,301	13,875	13,461	13,059	12,669	12,291	11,925	6,5
6,6	15,372	14,909	14,460	14,025	13,605	13,197	12,800	12,416	12,045	11,684	6,6
6,7	15,087	14,630	14,187	13,758	13,343	12,941	12,550	12,171	11,805	11,450	6,7
6,8	14,811	14,359	13,923	13,499	13,090	12,693	12,309	11,934	11,574	11,224	6,8
6,9	14,543	14,098	13,667	13,249	12,845	12,453	12,075	11,706	11,350	11,006	6,9
7,0	14,283	13,844	13,419	13,007	12,608	12,222	11,848	11,485	11,135	10,795	7,0

Formule générale :

$$x = \frac{3(1+r)\left[1 - \left(\frac{1,03}{1+r}\right)^n\right]}{(r - 0,03)\left[(1,03)^n - 1\right]}$$

OBLIGATIONS 3 P. 100

Valeur moyenne au taux r, LA VEILLE DU TIRAGE, d'une prime de 100 francs, d'une obligation remboursable par la voie du sort, à l'aide de n annuités.

Valeurs moyennes successives de l'escompte au taux r, d'une prime de 100 francs, calculées pour la veille du premier des tirages annuels restant à effectuer pour compléter l'amortissement de l'emprunt.

TAUX r p. 100.	NOMBRES n D'ANNUITÉS A REMBOURSER POUR LE COMPLET AMORTISSEMENT DE L'EMPRUNT										TAUX r p. 100.
	$n = 71$	$n = 72$	$n = 73$	$n = 74$	$n = 75$	$n = 76$	$n = 77$	$n = 78$	$n = 79$	$n = 80$	
	fr.	fr.	fr.	fr.	fr.	fr.	fr.	fr.	fr.	fr.	
4,0	21,645	21,134	20,634	20,145	19,665	19,196	18,738	18,289	17,850	17,422	4,0
4,1	21,016	20,511	20,018	19,537	19,064	18,604	18,152	17,713	17,281	16.860	4,1
4,2	20,412	19,915	19,428	18,935	18,490	18,037	17,594	17,162	16.737	16,324	4,2
4,3	19,832	19,343	18,864	18,398	17,941	17,495	17,060	16,635	16,218	15,812	4,3
4,4	19,277	18,795	18,324	17,864	17,416	16,977	16,549	16,132	15,723	15,325	4,4
4,5	18,746	18,270	17,807	17,355	16,914	16,483	16,061	15,651	15,251	14,860	4,5
4,6	18.236	17,768	17,312	16,867	16,433	16,009	15,595	15,192	14,799	14,415	4,6
4,7	17,747	17,286	16,838	16,400	15,973	15,556	15.150	14,754	14,368	13,991	4,7
4,8	17,277	16,823	16,382	15,952	15,533	15,122	14,724	14,336	13,958	13,586	4,8
4,9	16,826	16,380	15,946	15,523	15,110	14,707	14,317	13,933	13,562	13,198	4,9
5,0	16,393	15,954	15,528	15,111	14,707	14,310	13,926	13,550	13,185	12,829	5,0
5,1	15,977	15,546	15,126	14,716	14,317	13,929	13,551	13,183	12,825	12,476	5,1
5,2	15,577	15,153	14,741	14,342	13,945	13,564	13,193	12,831	12,480	12,136	5,2
5,3	15,193	14,776	14,370	13,977	13,589	13,212	12,850	12,494	12,150	11,812	5,3
5,4	14,824	14,414	14,015	13,625	13,246	12,878	12,521	12,170	11,832	11,502	5,4
5,5	14,470	14,065	13,673	13,289	12,917	12,555	12,204	11,860	11,528	11,203	5,5
5,6	14,127	13,730	13,344	12,967	12,602	12,246	11,900	11,564	11,237	10,918	5,6
5,7	13,798	13,407	13,026	12,657	12,298	11,949	11,608	11,279	10,956	10,645	5,7
5,8	13,482	13,097	12,722	12,358	12,006	11,664	11,328	11,004	10,689	10,382	5,8
5,9	13,178	12,799	12,430	12,073	11,726	11,389	11,059	10,741	10,432	10,130	5,9
6,0	12,884	12,511	12,149	11,797	11,455	11,124	10,801	10,489	10,184	9,889	6,0
6,1	12,601	12,235	11,878	11,531	11,196	10,870	10,553	10,247	9,947	9,657	6,1
6,2	12,329	11,968	11,617	11,276	10,946	10,625	10,314	10,013	9,719	9,434	6,2
6,3	12,067	11,710	11,366	11,030	10,704	10,389	10,084	9,788	9,500	9,219	6,3
6,4	11,813	11,462	11,124	10,794	10,473	10,163	9,863	9,572	9,289	9,013	6,4
6,5	11,569	11,223	10,890	10,564	10,251	9,945	9,651	9,364	9,087	8,815	6,5
6,6	11,333	10,993	10,664	10,345	10,037	9,735	9,446	9,164	8,891	8,623	6,6
6,7	11,104	10,771	10,446	10,132	9,828	9,532	9,248	8,969	8,702	8,440	6,7
6,8	10,884	10,555	10,236	9,927	9,628	9,338	9,057	8,783	8,520	8,263	6,8
6,9	10,671	10,347	10,032	9,729	9,435	9,150	8,873	8,604	8,345	8,092	6,9
7,0	10,466	10,147	9,838	9,538	9,250	8,968	8,695	8,433	8,177	7,927	7,0

Formule générale :

$$x = \frac{3(1+r)\left[1-\left(\frac{1,03}{1+r}\right)^n\right]}{(r-0,03)\left[(1,03)^n-1\right]}$$

OBLIGATIONS 3 P. 100

Valeur moyenne au taux r, LA VEILLE DU TIRAGE, **d'une prime de 100 francs,** d'une obligation remboursable par la voie du sort, à l'aide de n annuités.

Valeurs moyennes successives de l'escompte au taux r, d'une prime de 100 francs, calculées pour la veille du premier des tirages annuels restant à effectuer pour compléter l'amortissement de l'emprunt.

TAUX r p. 100.	NOMBRE n D'ANNUITÉS A REMBOURSER POUR LE COMPLET AMORTISSEMENT DE L'EMPRUNT										TAUX r p. 100.
	$n = 81$	$n = 82$	$n = 83$	$n = 84$	$n = 85$	$n = 86$	$n = 87$	$n = 88$	$n = 89$	$n = 90$	
	fr.	fr.	fr.	fr.	fr.	fr.	fr.	fr.	fr.	fr.	
4,0	17,004	16,593	16,192	15,799	15,417	15,042	14,676	14,318	13,968	13,526	4,0
4,1	16,450	16,046	15,652	15,268	14,895	14,527	14,169	13,817	13.475	13,143	4,1
4,2	15,922	15,526	15,141	14,763	14,396	14,037	13,687	13,341	13,007	12,682	4,2
4,3	15,418	15,030	14,651	14,282	13,922	13,570	13,228	12,890	12,563	12,243	4,3
4,4	14,937	14,557	14,187	13,824	13,472	13,127	12,792	12,462	12,142	11,829	4,4
4,5	14,479	14,106	13,744	13,388	13,043	12,706	12,377	12,055	11,742	11,437	4,5
4,6	14,042	13,677	13,321	12,973	12,634	12.303	11,982	11,668	11,362	11,064	4,6
4,7	13,625	13,267	12,918	12,577	12,246	11,921	11,606	11,299	11,000	10,709	4,7
4,8	13,227	12,875	12,534	12,200	11,875	11,557	11,249	10,949	10,657	10,371	4,8
4,9	12,847	12,501	12,167	12,840	11,522	11,211	10,910	10,616	10,330	10,050	4,9
5,0	12,483	12,145	11,817	11,496	11,185	10.881	10,586	10,297	10,017	9,744	5,0
5,1	12,135	11,803	11,482	11,168	10,863	10,566	10,276	9,994	9,719	9,453	5,1
5,2	11,802	11,478	11,161	10,855	10,556	10,265	9,981	9,705	9,437	9,175	5,2
5,3	11,485	11,166	10,856	10,555	10,262	9,977	9,700	9,430	9,167	8,911	5,3
5,4	11,181	10,868	10,564	10,269	9,981	9,703	9,432	9,167	8,910	8,659	5,4
5,5	10,889	10,582	10,284	9,995	9,714	9,440	9,176	8,916	8,664	8,419	5,5
5,6	10,609	10,309	10,017	9,733	9,458	9,189	8.930	8,676	8,429	8,189	5,6
5,7	10.342	10,046	9,762	9,483	9,213	8,949	8,695	8,445	8,204	7,970	5,7
5,8	10,086	9,796	9,516	9,243	8,978	8,720	8,470	8,226	7,990	7,761	5,8
5,9	9,840	9,555	9,280	9,013	8,752	8,500	8,255	8,017	7,785	7,560	5,9
6,0	9,603	9,324	9,053	8,792	8,537	8,289	8,049	7,815	7,589	7,368	6,0
6,1	9,386	9,102	8,837	8,580	8,331	8,087	7,852	7,623	7,401	7,185	6,1
6,2	9,157	8,889	8,630	8,377	8,132	7,894	7,663	7,438	7,221	7,009	6,2
6,3	8,947	8,685	8,430	8,181	7,941	7,708	7,481	7,261	7,048	6,840	6,3
6,4	8,746	8,488	8,238	7,994	7,759	7,529	7,307	7,092	6,882	6,679	6,4
6,5	8,553	8,299	8,054	7,815	7,584	7.358	7,140	6,929	6,724	6,524	6,5
6,6	8,368	8,117	7,877	7,642	7,415	7,194	6,980	6,772	6,571	6,375	6,6
6,7	8,189	7,943	7,707	7,475	7,252	7,035	6,826	6,621	6,424	6.232	6,7
6,8	8,016	7,775	7,542	7,315	7,096	6,883	6,677	6,477	6,284	6,096	6,8
6,9	7,850	7,612	7,383	7,161	6,946	6,737	6,535	6,339	6,149	5,965	6,9
7,0	7,688	7,456	7,231	7,013	6,802	6,597	6,399	6,206	6,019	5,838	7,0

Formule générale :

$$x = \frac{3(1+r)\left[1-\left(\frac{1,03}{1+r}\right)^n\right]}{(r-0,03)\left[(1,03)^n-1\right]}$$

OBLIGATIONS 3 P. 100

Valeur moyenne au taux r, LA VEILLE DU TIRAGE, **d'une prime de 100 francs,** d'une obligation remboursable par la voie du sort, à l'aide de n annuités.

Valeurs moyennes successives de l'escompte au taux r, d'une prime de 100 francs, calculées pour la veille du premier des tirages annuels restant à effectuer pour compléter l'amortissement de l'emprunt.

TAUX r p. 100.	NOMBRES n D'ANNUITÉS A REMBOURSER POUR LE COMPLET AMORTISSEMENT DE L'EMPRUNT										TAUX r p. 100.
	$n = 91$	$n = 92$	$n = 93$	$n = 94$	$n = 95$	$n = 96$	$n = 97$	$n = 98$	$n = 99$	$n = 100$	
	fr.	fr.	fr.	fr.	fr.	fr.	fr.	fr.	fr.	fr.	
4,0	13,292	12,963	12,647	12,335	12,031	11,732	11,442	11,157	10,879	10,609	4,0
4,1	12,815	12,497	12,186	11,879	11,583	11,293	11,010	10,733	10,461	10,198	4,1
4,2	12,361	12,050	11,748	11,448	11,159	10,876	10,600	10,332	10,065	9,810	4,2
4,3	11,931	11,628	11,331	11,040	10,758	10,482	10,312	9,951	9,692	9,442	4,3
4,4	11,524	11,227	10,938	10,654	10,379	10,109	9,847	9,590	9,339	9,096	4,4
4,5	11,138	10,848	10,567	10.290	10,021	9,757	9,501	9,250	9,007	8,770	4,5
4,6	10.772	10,488	10,214	9,943	9,681	9,423	9,173	8,929	8,691	8,461	4,6
4,7	10,425	10,147	9,877	9,614	9,357	9,107	8,863	8,625	8,393	8,168	4,7
4,8	10,094	9,823	9,559	9.301	9,050	8,806	8,568	8,337	8,111	7,891	4,8
4,9	9,779	9,514	9,256	9,003	8,759	8,522	8,290	8,064	7,843	7,630	4,9
5,0	9,478	9.220	8,968	8,721	8,483	8,251	8,025	7,805	7,590	7,382	5,0
5,1	9,194	8,941	8,695	8,453	8,221	7,994	7,773	7,559	7,349	7,147	5,1
5,2	8,922	8,675	8,434	8,198	7,971	7,750	7,535	7,326	7,120	6,924	5,2
5,3	8,664	8,422	8,186	7,958	7,735	7,518	7,309	7,104	6,904	6,712	5,3
5,4	8,417	8,180	7,950	7,726	7,509	7,298	7,093	6,893	6,697	6,511	5,4
5,5	8,182	7,950	7,726	7,508	7,294	7,088	6,887	6,692	6,501	6,319	5,5
5,6	7,957	7,731	7,512	7,299	7,090	6,887	6,691	6,501	6,315	6,136	5,6
5,7	7,742	7,522	7,307	7,098	6,895	6,696	6,505	6,319	6,137	5,962	5,7
5,8	7,538	7,322	7,111	6,906	6,708	6,514	6,327	6,145	5,968	5.797	5,8
5,9	7,342	7,131	6,924	6,723	6,530	6,340	6,157	5,979	5,806	5,639	5,9
6,0	7,155	6,946	6,746	6.550	6,360	6,175	5,995	5,822	5,653	5,489	6,0
6,1	6,976	6,772	6,576	6,383	6,199	6,017	5,842	5,671	5,506	5,346	6,1
6,2	6,804	6,605	6,412	6,223	6,044	5,865	5,695	5,526	5,366	5,208	6,2
6,3	6,640	6,445	6,256	6,072	5,895	5,720	5,553	5,389	5,231	5,078	6,3
6,4	6,482	6,292	6,105	5,925	5,752	5,582	5,418	5,257	5,103	4,953	6,4
6,5	6,331	6,145	5,962	5,786	5,614	5,450	5,289	5,131	4,980	4,833	6,5
6,6	6,185	6,004	5,825	5,652	5,483	5,323	5,165	5,010	4,863	4,720	6,6
6,7	6,047	5,867	5,693	5,523	5,359	5,200	5,046	4,895	4,750	4,609	6,7
6,8	5,915	5,736	5,566	5.399	5,240	5,083	4,932	4,785	4,643	4,505	6,8
6,9	5,787	5,612	5,446	5,281	5,125	4,971	4,823	4,679	4,539	4,404	6,9
7,0	5,662	5,492	5,329	5,169	5,014	4,864	4,718	4,576	4,439	4,308	7,0

OBLIGATIONS DIVERSES

Valeurs moyennes, à 5 p. 100, la veille du tirage, d'une prime de 100 francs
des différentes obligations énoncées ci-dessous, remboursable par voie de tirage au sort et à l'aide de n annuités.
ou valeurs moyennes successives de l'escompte, à 5 p. 100, d'une prime de 100 francs,
la veille du premier des tirages restant à effectuer pour le complet amortissement de l'emprunt.

n NOMBRES D'ANNUITÉS.	OBLIGATIONS 3 P. 100.	OBLIGATIONS DE L'EST.	OBLIGATIONS 4 P. 100.	OBLIGATIONS 5 P. 100.	n NOMBRES D'ANNUITÉS.	OBLIGATIONS 3 P. 100.	OBLIGATIONS DE L'EST.	OBLIGATIONS 4 P. 100.	OBLIGATIONS 5 P. 100.	n NOMBRES D'ANNUITÉS.	OBLIGATIONS 3 P. 100.	OBLIGATIONS DE L'EST.	OBLIGATIONS 4 P. 100.	OBLIGATIONS 5 P. 100.
	Revenu : 15f. Remboursement : 500f. Taux $= \frac{15}{500} = 0,03$.	Revenu : 25f. Remboursement : 650f. Taux $= \frac{25}{650} = 0,03846\ldots$	Revenu : 20f, 25f, 50f. Remboursement 500f, 625f, 1250f. Taux $= \frac{20}{500} = \frac{25}{625} = \frac{50}{1250} = 0,04$.	Revenu : 25f. Remboursement : 500f. Taux $= \frac{25}{500} = 0,05$.		Revenu : 15f. Remboursement : 500f. Taux $= \frac{15}{500} = 0,03$.	Revenu : 25f. Remboursement : 650f. Taux $= \frac{25}{650} = 0,03846\ldots$	Revenu : 20f, 25f, 50f. Remboursement 500f, 625f, 1250f. Taux $= \frac{20}{500} = \frac{25}{625} = \frac{50}{1250} = 0,04$.	Revenu : 25f. Remboursement : 500f. Taux $= \frac{25}{500} = 0,05$.		Revenu : 15f. Remboursement : 500f. Taux $= \frac{15}{500} = 0,03$.	Revenu : 25f. Remboursement : 650f. Taux $= \frac{25}{650} = 0,03846\ldots$	Revenu : 20f, 25f, 50f. Remboursement 500f, 625f, 1250f. Taux $= \frac{20}{500} = \frac{25}{625} = \frac{50}{1250} = 0,04$.	Revenu : 25f. Remboursement : 500f. Taux $= \frac{25}{500} = 0,05$.
	fr.	fr.	fr.	fr.		fr.	fr.	fr.	fr.		fr.	fr.	fr.	fr.
1	100,000	100,000	100,000	100,000	36	41,451	39,132	39,434	37,564	71	16,393	14,013	13,631	11,471
2	97,584	97,570	97,572	97,561	37	40,390	38,027	38,319	36,407	72	15,954	13,581	13,199	11,062
3	95,228	95,192	95,193	95,163	38	39,350	37,547	37,234	35,280	73	15,528	13,162	12,786	10,666
4	92,914	92,863	92,860	92,805	39	38,349	36,495	36,176	34,182	74	15,111	12,755	12,350	10,283
5	90,658	90,580	90,574	90,487	40	37,365	35,468	35,142	33,113	75	14,707	12,350	11,987	9,912
6	88,452	88,344	88,322	88,210	41	36,404	34,468	34,136	32,072	76	14,310	11,875	11,606	9,554
7	86,297	86,155	86,137	85,914	42	35,407	33,492	33,154	31,058	77	13,920	11,602	11,235	9,208
8	84,190	84,011	83,983	83,778	43	34,553	32,542	32,197	30,072	78	13,550	11,239	10,876	8,873
9	82,133	81,912	81,876	81,621	44	33,661	31,615	31,265	29,112	79	13,185	10,887	10,526	8,550
10	80,121	79,856	79,812	79,505	45	32,793	30,712	30,356	28,178	80	12,829	10,546	10,189	8,237
11	78,156	77,842	77,790	77,428	46	31,942	29,831	29,470	27,270	81	12,483	10,215	9,862	7,936
12	76,236	75,872	75,810	75,391	47	31,117	28,974	28,608	26,387	82	12,145	9,893	9,543	7,644
13	74,359	73,948	73,873	73,395	48	30,306	28,138	27,768	25,529	83	11,817	9,581	9,235	7,362
14	72,526	72,056	71,975	71,434	49	29,519	27,324	26,950	24,695	84	11,496	9,278	8,936	7,089
15	70,735	70,210	70,119	69,514	50	28,750	26,531	26,153	23,884	85	11,185	8,984	8,646	6,827
16	68,987	68,402	68,303	67,633	51	28,000	25,758	25,379	23,096	86	10,881	8,698	8,364	6,573
17	67,278	66,632	66,525	65,789	52	27,271	25,006	24,624	22,331	87	10,586	8,422	8,091	6,328
18	65,608	64,902	64,786	63,983	53	26,559	24,274	23,889	21,588	88	10,297	8,153	7,827	6,092
19	63,977	63,215	63,085	62,216	54	25,863	23,561	23,174	20,867	89	10,017	7,893	7,571	5,864
20	62,384	61,564	61,421	60,485	55	25,186	22,867	22,478	20,167	90	9,745	7,640	7,322	5,644
21	60,831	59,949	59,794	58,792	56	24,524	22,191	21,801	19,788	91	9,478	7,395	7,081	5,432
22	59,312	58,369	58,210	57,135	57	23,881	21,534	21,142	18,829	92	9,220	7,157	6,848	5,227
23	57,828	56,825	56,650	55,515	58	23,252	20,894	20,501	18,190	93	8,968	6,927	6,622	5,030
24	56,378	55,316	55,130	53,930	59	22,640	20,272	19,879	17,570	94	8,721	6,703	6,403	4,839
25	54,964	53,842	53,646	52,381	60	22,043	19,666	19,273	16,969	95	8,483	6,487	6,191	4,655
26	53,581	52,402	52,194	50,867	61	21,460	19,077	18,684	16,386	96	8,251	6,277	5,985	4,478
27	52,232	50,996	50,778	49,388	62	20,898	18,504	18,111	15,821	97	8,025	6,074	5,787	4,308
28	50,917	49,620	49,393	47,943	63	20,338	17,947	17,555	15,273	98	7,805	5,876	5,593	4,148
29	49,631	48,277	48,042	46,533	64	19,801	17,405	17,013	14,743	99	7,590	5,685	5,406	3,984
30	48,377	46,967	46,721	45,155	65	19,276	16,878	16,487	14,231	100	7,382	5,500	5,226	3,831
31	47,151	45,688	45,431	43,810	66	18,763	16,366	15,976	13,734					
32	45,955	44,437	44,172	42,408	67	18,265	15,868	15,479	13,251					
33	44,787	43,218	42,945	41,217	68	17,779	15,384	14,996	12,783					
34	43,648	42,027	41,746	39,906	69	17,305	14,914	14,527	12,332					
35	42,536	40,866	40,574	38,751	70	16,843	14,457	14,072	11,895					

CAPITALISATION A 5 P. 100

en tenant compte de la valeur moyenne de la prime de remboursement, des obligations ci-dessous désignées,
remboursables par voie de tirages au sort à l'aide de n annuités.

ou valeurs moyennes successives, à 5 p. 100,

qu'acquièrent les obligations ci-dessous, la veille du premier des tirages restant à effectuer, pour le complet amortissement de l'emprunt.

(TABLEAU POUVANT SERVIR A COMPARER ENTRE ELLES LES OBLIGATIONS DE TAUX NOMINAUX DIFFÉRENTS.)

NOMBRE D'ANNUITÉS n.	OBLIGAT. 3 P. 100.	OBLIGATIONS 4 P. 100.			OBLIGAT. DE L'EST.	NOMBRE D'ANNUITÉS n.	OBLIGAT. 3 P. 100.	OBLIGATIONS 4 P. 100.			OBLIGAT. DE L'EST.	NOMBRE D'ANNUITÉS n.	OBLIGAT. 3 P. 100.	OBLIGATIONS 4 P. 100.			OBLIGAT. DE L'EST.
	REVENU 15f. CHIFFRE de remboursement 500f.	REVENU 20f. CHIFFRE de remboursement 500f.	REVENU 25f. CHIFFRE de remboursement 625f.	REVENU 50f. CHIFFRE de remboursement 1250f.	REVENU 25f. CHIFFRE de remboursement 650f.		REVENU 15f. CHIFFRE de remboursement 500f.	REVENU 20f. CHIFFRE de remboursement 500f.	REVENU 25f. CHIFFRE de remboursement 625f.	REVENU 50f. CHIFFRE de remboursement 1250f.	REVENU 25f. CHIFFRE de remboursement 650f.		REVENU 15f. CHIFFRE de remboursement 500f.	REVENU 20f. CHIFFRE de remboursement 500f.	REVENU 25f. CHIFFRE de remboursement 625f.	REVENU 50f. CHIFFRE de remboursement 1250f.	REVENU 25f. CHIFFRE de remboursement 650f.
	fr.	fr.	fr.	fr.	fr.		fr.	fr.	fr.	fr.	fr.		fr.	fr.	fr.	fr.	fr.
1	500,00	500,00	625,00	1250,00	650,00	36	382,90	439,43	549,29	1098,59	559,60	71	332,78	413,63	517,04	1034,08	521,02
2	495,17	497,57	621,97	1243,93	646,36	37	380,78	438,32	547,90	1095,80	557,94	72	331,91	413,20	516,50	1033,00	520,37
3	490,45	495,19	618,99	1237,98	642,79	38	378,72	437,23	546,54	1093,09	556,32	73	331,06	412,79	515,98	1031,97	519,74
4	485,83	492,86	616,08	1332,15	639,20	39	376,70	436,17	545,22	1090,44	554,74	74	330,22	412,38	515,48	1030,95	519,13
5	481,31	490,57	613,22	1226,44	635,87	40	374,73	435,14	543,93	1081,86	553,20	75	329,41	411,99	514,90	1029,97	518,54
6	476,90	488,32	610,40	1220,81	632,52	41	372,81	434,13	542,67	1085,34	551,70	76	328,62	411,61	514,51	1029,02	517,96
7	472,59	486,14	607,67	1215,34	629,23	42	370,93	433,15	541,44	1082,89	550,24	77	327,85	411,24	514,04	1028,09	517,40
8	468,38	483,98	604,98	1209,96	626,02	43	369,11	432,20	540,25	1080,49	548,81	78	327,10	410,88	513,60	1027,19	516,86
9	464,26	481,88	602,35	1204,69	622,87	44	367,32	431,27	539,08	1078,16	547,42	79	326,37	410,53	513,16	1026,32	516,33
10	460,24	479,81	599,77	1199,53	619,78	45	365,58	430,36	537,95	1075,89	546,07	80	325,66	410,19	512,74	1025,47	515,82
11	456,31	477,79	597,24	1194,48	616,76	46	363,88	429,47	536,84	1073,68	544,75	81	324,96	409,86	512,33	1024,66	515,32
12	452,47	475,81	594,76	1189,53	613,81	47	362,23	428,61	535,76	1071,52	543,46	82	324,29	409,54	511,93	1023,86	514,84
13	448,72	473,87	592,34	1184,68	610,91	48	360,61	427,77	534,71	1069,42	542,21	83	323,63	409,24	511,54	1023,09	514,37
14	445,05	471,96	589,97	1179,94	608,08	49	359,04	426,95	533,69	1067,38	540,99	84	322,99	408,94	511,17	1022,34	513,92
15	441,47	470,12	587,65	1175,30	605,32	50	357,50	426,15	532,69	1065,38	539,80	85	322,37	408,65	510,81	1021,62	513,48
16	437,97	468,30	585,38	1170,76	602,60	51	356,00	425,38	531,72	1063,44	538,64	86	321,76	408,36	510,46	1020,81	513,05
17	434,55	466,53	583,16	1166,31	599,95	52	354,54	424,62	530,78	1061,56	537,51	87	321,17	408,09	510,11	1020,23	512,63
18	431,21	464,79	580,98	1161,97	597,35	53	353,12	423,89	529,86	1059,72	536,41	88	320,59	407,83	509,78	1019,57	512,23
19	427,95	463,09	578,84	1157,71	594,82	54	351,72	423,17	528,97	1057,94	535,34	89	320,03	407,57	509,46	1018,93	511,84
20	424,77	461,42	576,78	1153,55	592,35	55	350,37	422,48	528,10	1056,20	534,30	90	319,49	407,32	509,15	1018,31	511,46
21	421,66	459,79	574,74	1149,49	589,92	56	349,05	421,80	527,25	1054,50	533,29	91	318,95	407,08	508,85	1017,70	511,09
22	418,62	458,21	572,76	1145,53	587,55	57	347,76	421,14	526,43	1052,86	532,30	92	318,44	406,85	508,56	1017,12	510,74
23	415,65	456,65	570,81	1141,63	585,24	58	346,50	420,50	525,63	1051,25	531,34	93	317,93	406,62	508,28	1016,56	510,39
24	412,75	455,13	568,91	1137,83	582,97	59	345,28	419,88	524,85	1049,70	530,40	94	317,44	406,40	508,00	1016,01	510,05
25	409,92	453,65	567,06	1134,12	580,76	60	344,09	419,27	524,09	1048,18	529,50	95	316,96	406,19	507,74	1015,48	509,73
26	407,16	452,19	565,24	1130,49	578,60	61	342,92	418,68	523,36	1046,71	528,62	96	316,50	405,99	507,48	1014,96	509,42
27	404,46	450,78	563,47	1126,95	576,49	62	341,78	418,11	522,64	1045,28	527,76	97	316,05	405,79	507,23	1014,47	509,11
28	401,83	449,39	561,74	1123,48	574,43	63	340,68	417,56	521,94	1043,89	526,92	98	315,61	405,59	506,99	1013,98	508,81
29	399,26	448,04	560,05	1120,11	572,42	64	339,60	417,01	521,27	1042,53	526,11	99	315,18	405,41	506,76	1013,52	508,53
30	396,75	446,72	558,40	1116,81	570,45	65	338,55	416,49	520,61	1041,22	525,32	100	314,76	405,23	506,53	1013,07	508,25
31	394,30	445,43	556,78	1113,58	568,53	66	337,52	415,98	519,97	1039,94	524,55						
32	391,91	444,17	555,22	1110,43	566,66	67	336,53	415,48	519,35	1038,70	523,80						
33	389,58	442,95	553,68	1107,36	564,83	68	335,56	415,00	518,75	1037,49	523,08						
34	387,29	441,75	552,18	1104,37	563,04	69	334,61	414,53	518,16	1036,32	522,37						
35	385,07	440,57	550,72	1101,44	561,30	70	333,68	414,07	517,59	1035,18	521,69						

OBLIGATIONS DE L'OUEST 3 P. 100.

Valeurs moyennes successives, capitalisées à 5 p. 100, la veille et le lendemain des tirages effectués aux différentes époques de l'amortissement de l'emprunt.

Valeur à 5 p. 100 de la déception ou de l'ajournement du remboursement de la prime.

ANNÉES de l'amortissement de L'EMPRUNT.	NOMBRES D'ANNUITÉS restant à solder.	VALEUR A 5 P. 100 LA VEILLE du TIRAGE.	VALEUR A 5 P. 100 LE LENDEMAIN du TIRAGE.	DIFFÉRENCE ou DÉCEPTION.	ANNÉES de l'amortissement de L'EMPRUNT.	NOMBRES D'ANNUITÉS restant à solder.	VALEUR A 5 P. 100 LA VEILLE du TIRAGE.	VALEUR A 5 P. 100 LE LENDEMAIN du TIRAGE.	DIFFÉRENCE ou DÉCEPTION.	ANNÉES de l'amortissement de L'EMPRUNT.	NOMBRES D'ANNUITÉS restant à solder.	VALEUR A 5 P. 100 LA VEILLE du TIRAGE.	VALEUR A 5 P. 100 LE LENDEMAIN du TIRAGE.	DIFFÉRENCE ou DÉCEPTION.
		fr.	fr.	fr.			fr.	fr.	fr.			fr.	fr.	fr.
1951	1	500,00			1919	33	389,58	387,53	2,05	1887	65	338,55	337,71	0,84
1950	2	495,17	490,48	4,69	1918	34	387,29	385,31	1,98	1886	66	337,52	336,71	0,81
1949	3	490,45	485,87	4,58	1917	35	385,07	383,14	1,93	1885	67	336,53	335,74	0,79
1948	4	485,83	481,38	4,45	1916	36	382,90	381,02	1,88	1884	68	335,56	334,79	0,77
1947	5	481,31	476,98	4,33	1915	37	380,78	378,95	1,83	1883	69	334,61	333,86	0,75
1946	6	476,90	472,68	4,22	1914	38	378,72	376,94	1,78	1882	70	333,68	332,96	0,72
1945	7	472,59	468,48	4,11	1913	39	376,70	374,97	1,73	1881	71	332,78	332,08	0,70
1944	8	468,38	464,38	4,00	1912	40	374,73	373,05	1,69	1880	72	331,91	331,23	0,68
1943	9	464,26	460,36	3,90	1911	41	372,81	371,17	1,64	1879	73	331,06	330,39	0,67
1942	10	460,24	456,44	3,80	1910	42	370,93	369,34	1,59	1878	74	330,22	329,57	0,65
1941	11	456,31	452,61	3,70	1909	43	369,11	367,56	1,55	1877	75	329,41	328,78	0,63
1940	12	452,47	448,87	3,60	1908	44	367,32	365,81	1,51	1876	76	328,62	328,01	0,61
1939	13	448,72	445,21	3,51	1907	45	365,58	364,12	1,46	1875	77	327,85	327,26	0,59
1938	14	445,05	441,64	3,41	1906	46	363,88	362,46	1,42	1874	78	327,10	326,52	0,58
1937	15	441,47	438,15	3,32	1905	47	362,23	360,84	1,39	1873	79	326,37	325,81	0,56
1936	16	437,97	434,74	3,23	1904	48	360,61	359,26	1,35	1872	80	325,66	325,12	0,54
1935	17	434,56	431,40	3,16	1903	49	359,04	357,73	1,31	1871	81	324,96	324,44	0,52
1934	18	431,21	428,15	3,06	1902	50	357,50	356,23	1,27	1870	82	324,29	323,78	0,51
1933	19	427,95	424,97	2,98	1901	51	356,00	354,76	1,24	1869	83	323,63	323,13	0,50
1932	20	424,77	421,86	2,91	1900	52	354,54	353,33	1,21	1868	84	322,99	322,51	0,48
1931	21	421,66	418,82	2,84	1899	53	353,12	351,94	1,18	1867	85	322,37	321,90	0,47
1930	22	418,62	415,87	2,75	1898	54	351,72	350,58	1,14	1866	86	321,76	321,30	0,46
1929	23	415,65	412,97	2,68	1897	55	350,37	349,26	1,11	1865	87	321,17	320,73	0,44
1928	24	412,76	410,15	2,61	1896	56	349,05	347,97	1,08	1864	88	320,59	320,16	0,43
1927	25	409,93	407,39	2,54	1895	57	347,76	346,71	1,05	1863	89	320,03	319,61	0,42
1926	26	407,16	404,69	2,47	1894	58	346,50	345,49	1,01	1862	90	319,49	319,08	0,41
1925	27	404,46	402,06	2,40	1893	59	345,28	344,29	0,99	1861	91	318,95	318,55	0,40
1924	28	401,83	399,49	2,34	1892	60	344,09	343,12	0,97	1860	92	318,44	318,05	0,39
1923	29	399,26	396,98	2,28	1891	61	342,92	341,99	0,93	1859	93	317,93	317,56	0,37
1922	30	396,75	394,53	2,22	1890	62	341,78	340,87	0,91	1858	94	317,44	317,08	0,36
1921	31	394,30	392,14	2,16	1889	63	340,68	339,80	0,88					
1920	32	391,91	389,81	2,10	1888	64	339,60	338,74	0,86					

TABLE V.

Formule générale :

$$D = \frac{3}{r - 0{,}03}\left[(1 + r)\,\frac{1 - \left(\frac{1{,}03}{1+r}\right)^{n}}{(1{,}03)^{n} - 1} - \frac{1 - \left(\frac{1{,}03}{1+r}\right)^{n-1}}{(1{,}03)^{n-1} - 1}\right]$$

OBLIGATIONS 3 P. 100

Déception, ou différence entre les valeurs de la veille et du lendemain des tirages, d'une prime de 100 francs, d'une obligation remboursable en n annuités.

Valeurs calculées aux différents taux ci-dessous, afin de mettre en évidence l'influence du taux sur le chiffre de la déception.

NOMBRES n D'ANNUITÉS	4 P. 100	5 P. 100	6 P. 100	7 P. 100	NOMBRES n D'ANNUITÉS	4 P. 100	5 P. 100	6 P. 100	7 P. 100	NOMBRES n D'ANNUITÉS	4 P. 100	5 P. 100	6 P. 100	7 P. 100
	fr.	fr.	fr.	fr.		fr.	fr.	fr.	fr.		fr.	fr.	fr.	fr.
2	2,054	2,347	2,789	3,223	35	0,851	0,965	1,059	1,135	68	0,358	0,384	0,401	0,412
3	1,852	2,285	2,708	3,120	36	0,830	0,941	1,027	1,098	69	0,349	0,374	0,391	0,401
4	1,810	2,227	2,630	3,020	37	0,809	0,914	0,999	1,067	70	0,338	0,361	0,376	0,388
5	1,767	2,167	2,555	2,925	38	0,789	0,890	0,970	1,033	71	0,329	0,352	0,366	0,377
6	1,726	2,111	2,480	2,833	39	0,769	0,865	0,942	1,001	72	0,321	0,342	0,356	0,366
7	1,688	2,057	2,408	2,743	40	0,750	0,842	0,913	0,970	73	0,313	0,334	0,346	0,355
8	1,647	2,002	2,339	2,656	41	0,730	0,818	0,888	0,942	74	0,305	0,323	0,336	0,344
9	1,609	1,952	2,272	2,574	42	0,712	0,796	0,860	0,913	75	0,295	0,314	0,326	0,336
10	1,573	1,899	2,206	2,491	43	0,694	0,775	0,837	0,885	76	0,287	0,305	0,317	0,324
11	1,535	1,850	2,142	2,414	44	0,677	0,753	0,813	0,858	77	0,280	0,296	0,307	0,314
12	1,500	1,802	2,080	2,337	45	0,659	0,732	0,789	0,834	78	0,272	0,288	0,299	0,306
13	1,464	1,755	2,020	2,264	46	0,642	0,713	0,766	0,806	79	0,264	0,280	0,289	0,296
14	1,430	1,708	1,961	2,193	47	0,626	0,693	0,744	0,782	80	0,258	0,272	0,281	0,287
15	1,396	1,664	1,905	2,136	48	0,610	0,674	0,722	0,760	81	0,252	0,265	0,274	0,278
16	1,364	1,618	1,850	2,058	49	0,593	0,656	0,701	0,736	82	0,243	0,257	0,265	0,271
17	1,329	1,577	1,796	1,994	50	0,580	0,637	0,681	0,714	83	0,237	0,250	0,257	0,263
18	1,298	1,533	1,744	1,931	51	0,563	0,619	0,663	0,693	84	0,230	0,242	0,251	0,255
19	1,267	1,493	1,694	1,871	52	0,549	0,604	0,640	0,681	85	0,226	0,236	0,243	0,248
20	1,237	1,453	1,646	1,813	53	0,535	0,587	0,623	0,651	86	0,218	0,229	0,235	0,240
21	1,208	1,417	1,598	1,758	54	0,521	0,569	0,605	0,632	87	0,212	0,222	0,229	0,234
22	1,178	1,377	1,551	1,701	55	0,506	0,553	0,588	0,613	88	0,206	0,216	0,222	0,226
23	1,149	1,342	1,506	1,648	56	0,494	0,539	0,571	0,594	89	0,201	0,210	0,216	0,219
24	1,121	1,305	1,463	1,598	57	0,481	0,324	0,554	0,576	90	0,195	0,204	0,209	0,213
25	1,094	1,270	1,420	1,551	58	0,469	0,509	0,537	0,559	91	0,190	0,198	0,205	0,206
26	1,067	1,236	1,379	1,502	59	0,457	0,495	0,523	0,543	92	0,184	0,193	0,197	0,200
27	1,041	1,202	1,340	1,454	60	0,443	0,481	0,508	0,526	93	0,180	0,187	0,192	0,195
28	1,015	1,171	1,301	1,410	61	0,431	0,467	0,492	0,509	94	0,174	0,181	0,186	0,189
29	0,990	1,139	1,263	1,367	62	0,420	0,455	0,478	0,495	95	0,170	0,176	0,181	0,183
30	0,967	1,109	1,226	1,324	63	0,410	0,442	0,465	0,481	96	0,165	0,172	0,175	0,178
31	0,941	1,078	1,190	1,284	64	0,399	0,430	0,452	0,466	97	0,161	0,167	0,170	0,172
32	0,919	1,049	1,156	1,244	65	0,388	0,418	0,437	0,452	98	0,155	0,162	0,166	0,167
33	0,896	1,022	1,123	1,208	66	0,377	0,405	0,425	0,439	99	0,151	0,157	0,161	0,163
34	0,874	0,992	1,090	1,169	67	0,368	0,395	0,413	0,426	100	0,148	0,153	0,156	0,159

Formule générale :

$$E = 100 \frac{r}{(1+r)^n - 1}$$

ESPÉRANCE D'UN SEUL TIRAGE

Valeur d'une prime de 100 francs, des obligations ci-dessous, pour le seul et premier des tirages à effectuer, lorsqu'il reste n annuités à rembourser pour le complet amortissement de l'emprunt.

NOMBRES n D'ANNUITÉS	OBLIGATIONS				NOMBRES n D'ANNUITÉS	OBLIGATIONS				NOMBRES n D'ANNUITÉS	OBLIGATIONS			
	3 P. 100	4 P. 100	5 P. 100	DE L'EST		3 P. 100	4 P. 100	5 P. 100	DE L'EST		3 P. 100	4 P. 100	5 P. 100	DE L'EST
	fr.	fr.	fr.	fr.		fr.	fr.	fr.	fr.		fr.	fr.	fr.	fr.
2	49,261	49,020	48,780	49,149	35	1,654	1,358	1,107	1,402	68	0,464	0,299	0,188	0,321
3	32,352	32,036	31,721	32,104	36	1,580	1,289	1,043	1,332	69	0,449	0,287	0,179	0,308
4	23,903	23,549	23,201	23,618	37	1,511	1,224	0,984	1,267	70	0,434	0,275	0,170	0,296
5	18,835	18,463	18,098	18,532	38	1,446	1,163	0,929	1,205	71	0,419	0,264	0,162	0,284
6	15,460	15,077	14,702	15,145	39	1,384	1,106	0,877	1,147	72	0,405	0,253	0,154	0,273
7	13,050	12,664	12,282	12,729	40	1,326	1,052	0,828	1,092	73	0,392	0,243	0,146	0,262
8	11,246	10,853	10,472	10,920	41	1,271	1,001	0,773	1,040	74	0,379	0,233	0,139	0,251
9	9,844	9,449	9,069	9,516	42	1,219	0,953	0,740	0,991	75	0,367	0,223	0,132	0,241
10	8,723	8,329	7,950	8,395	43	1,170	0,908	0,700	0,946	76	0,355	0,214	0,126	0,232
11	7,808	7,415	7,037	7,480	44	1,123	0,866	0,662	0,903	77	0,343	0,205	0,120	0,223
12	7,046	6,655	6,283	6,719	45	1,078	0,826	0,626	0,862	78	0,332	0,197	0,114	0,214
13	6,403	6,014	5,646	6,077	46	1,036	0,788	0,593	0,823	79	0,321	0,189	0,108	0,208
14	5,853	5,467	5,102	5,529	47	0,996	0,752	0,562	0,787	80	0,311	0,181	0,103	0,198
15	5,377	4,994	4,634	5,055	48	0,958	0,718	0,532	0,752	81	0,301	0,174	0,098	0,190
16	4,961	4,582	4,227	4,642	49	0,922	0,686	0,504	0,719	82	0,292	0,167	0,002	0,183
17	4,595	4,220	3,870	4,279	50	0,887	0,655	0,478	0,088	83	0,282	0,160	0,088	0,176
18	4,271	3,899	3,555	3,958	51	0,854	0,626	0,453	0,658	84	0,273	0,154	0,084	0,169
19	3,981	3,614	3,275	3,671	52	0,822	0,598	0,429	0,630	85	0,264	0,148	0,080	0,162
20	3,722	3,358	3,024	3,415	53	0,792	0,572	0,407	0,603	86	0,256	0,142	0,076	0,156
21	3,487	3,128	2,800	3,184	54	0,763	0,547	0,386	0,377	87	0,248	0,136	0,072	0,150
22	3,275	2,920	2,597	2,975	55	0,735	0,524	0,366	0,552	88	0,240	0,131	0,069	0,144
23	3,081	2,731	2,414	2,785	56	0,708	0,501	0,348	0,529	89	0,232	0,126	0,066	0,139
24	2,905	2,559	2,247	2,612	57	0,683	0,479	0,331	0,507	90	0,225	0,121	0,063	0,134
25	2,743	2,401	2,096	2,456	58	0,659	0,458	0,314	0,486	91	0,218	0,116	0,060	0,129
26	2,594	2,257	1,957	2,310	59	0,635	0,439	0,298	0,466	92	0,212	0,111	0,057	0,124
27	2,456	2,124	1,829	2,176	60	0,613	0,420	0,283	0,447	93	0,205	0,107	0,054	0,119
28	2,329	2,001	1,712	2,051	61	0,591	0,403	0,269	0,420	94	0,199	0,103	0,052	0,115
29	2,212	1,888	1,604	1,937	62	0,571	0,386	0,255	0,412	95	0,193	0,099	0,049	0,110
30	2,102	1,783	1,505	1,831	63	0,552	0,370	0,242	0,394	96	0,187	0,095	0,047	0,106
31	2,000	1,686	1,413	1,733	64	0,533	0,354	0,230	0,378	97	0,181	0,091	0,044	0,102
32	1,905	1,595	1,328	1,641	65	0,515	0,339	0,219	0,363	98	0,175	0,088	0,042	0,098
33	1,816	1,511	1,249	1,557	66	0,497	0,325	0,209	0,350	99	0,170	0,084	0,040	0,094
34	1,733	1,432	1,170	1,177	67	0,480	0,312	0,199	0,336	100	0,165	0,081	0,038	0,091

DÉLAI MOYEN.

Formule générale :

$$d_m = \frac{(ns - 1)(1 + s)^n + 1}{((1 + s)^n - 1)s}$$

DÉLAI PROBABLE.

Formule générale :

$$d_p = \frac{\log \frac{1}{2} \left[(1 + s)^n + 1 \right]}{\log (1 + s)}$$

DÉLAI MOYEN ET DÉLAI PROBABLE

Du remboursement d'une obligation 3 p. 100 dont l'amortissement se fait en n années, ou pour l'amortissement de laquelle il reste n années à courir.

NOMBRES n D'ANNÉES	DÉLAI MOYEN	DÉLAI PROBABLE	NOMBRES n D'ANNÉES	DÉLAI MOYEN	DÉLAI PROBABLE	NOMBRES n D'ANNÉES	DÉLAI MOYEN	DÉLAI PROBABLE	NOMBRES n D'ANNÉES	DÉLAI MOYEN	DÉLAI PROBABLE	NOMBRES n D'ANNÉES	DÉLAI MOYEN	DÉLAI PROBABLE
	an	an		ans	ans		ans	ans		ans	ans		ans	ans
1	1,00	(*)	21	12,08	12,10	41	25,04	26,37	61	39,70	42,71	81	55,80	60,50
2	1,51	1,01	22	12,68	12,76	42	25,74	27,14	62	40,48	43,57	82	56,64	61,42
3	2,02	1,53	23	13,29	13,42	43	26,43	27,92	63	41,25	44,43	83	57,48	62,34
4	2,54	2,06	24	13,90	14,09	44	27,14	28,70	64	42,03	45,30	84	58,32	63,26
5	3,06	2,60	25	14,52	14,77	45	27,86	29,49	65	42,82	46,17	85	59,17	64,19
6	3,59	3,14	26	15,15	15,44	46	28,56	30,28	66	43,60	47,05	86	60,01	65,11
7	4,12	3,69	27	15,77	16,13	47	29,27	31,08	67	44,39	47,92	87	60,86	66,04
8	4,66	4,24	28	16,41	16,82	48	29,99	31,88	68	45,19	48,80	88	61,72	66,97
9	5,20	4,80	29	17,04	17,52	49	30,71	32,69	69	45,99	49,69	89	62,58	67,90
10	5,74	5,37	30	17,69	18,22	50	31,44	33,50	70	46,79	50,57	90	63,43	68,84
11	6,30	5,94	31	18,33	18,93	51	32,18	34,32	71	47,59	51,46	91	64,30	69,77
12	6,85	6,53	32	18,98	19,65	52	32,91	35,14	72	48,40	52,36	92	65,16	70,71
13	7,41	7,12	33	19,64	20,37	53	33,65	35,96	73	49,21	53,25	93	66,03	71,65
14	7,98	7,72	34	20,30	21,10	54	34,39	36,79	74	50,02	54,15	94	66,89	72,59
15	8,55	8,32	35	20,96	21,84	55	35,14	37,63	75	50,84	55,05	95	67,77	73,53
16	9,13	8,94	36	21,63	22,58	56	35,89	38,47	76	51,66	55,95	96	68,64	74,48
17	9,71	9,56	37	22,30	23,33	57	36,65	39,31	77	52,48	56,86	97	69,51	75,42
18	10,29	10,18	38	22,98	24,08	58	37,41	40,15	78	53,31	57,77	98	70,39	76,37
19	10,88	10,81	39	23,51	24,83	59	38,17	40,90	79	54,13	58,68	99	71,27	77,32
20	11,48	11,46	40	24,35	25,60	60	38,93	41,85	80	54,97	59,59	100	72,16	78,27

* Voir page 35.

Table VIII.

Formule générale : $x = \frac{100}{(1,05)^n}$ x est le délai probable du remboursement.

VALEUR PROBABLE

D'une prime de 100 francs d'une obligation 3 p. 100 remboursable en n années. Valeur escomptée à 5 p. 100.

ANNÉES	VALEUR PROBABLE	ANNÉES	VALEUR PROBABLE	ANNÉES	VALEUR PROBABLE	ANNÉES	VALEUR PROBABLE	ANNÉES	VALEUR PROBABLE
	fr.		fr.		fr.		fr.		fr.
		21	55,402	41	27,628	61	12,445	81	5,224
2	95,238	22	53,663	42	26,605	62	11,934	82	4,995
3	92,892	23	51,962	43	25,612	63	11,441	83	4,776
4	90,442	24	50,298	44	24,653	64	10,907	84	4,566
5	88,118	25	48,572	45	23,724	65	10,511	85	4,365
6	85,824	26	47,083	46	22,823	66	10,072	86	4,172
7	83,560	27	45,532	47	21,951	67	9,650	87	3,987
8	81,329	28	44,019	48	21,108	68	9,244	88	3,810
9	79,130	29	42,543	49	20,293	69	8,855	89	3,640
10	76,963	30	41,104	50	19,505	70	8,480	90	3,478
11	74,828	31	39,702	51	18,743	71	8,120	91	3,324
12	72,726	32	38,337	52	18,007	72	7,774	92	3,175
13	70,657	33	37,008	53	17,296	73	7,442	93	3,033
14	68,624	34	35,714	54	16,610	74	7,123	94	2,897
15	66,625	35	34,457	55	15,948	75	6,817	95	2,767
16	64,663	36	33,234	56	15,309	76	6,523	96	2,642
17	62,736	37	32,046	57	14,694	77	6,241	97	2,523
18	60,846	38	30,891	58	14,100	78	5,970	98	2,409
19	58,994	39	29,771	59	13,428	79	5,711	99	2,300
20	57,179	40	28,683	60	12,976	80	5,462	100	2,196

Table IX.

Formule générale : $f = \frac{C}{(1+r)^n}$ n est le nombre d'années.

VALEUR ACTUELLE DE 1 FR.

Payable au bout d'un certain nombre d'années escomptée aux différents taux ci-dessous.

TAUX r p. 100.	1 AN	2 ANS	3 ANS	4 ANS	5 ANS	6 ANS	TAUX r p. 100.
	fr.	fr.	fr.	fr.	fr.	fr.	
4,0	0,962	0,925	0,889	0,855	0,822	0,790	4,0
4,1	0,961	0,923	0,886	0,852	0,818	0,786	4,1
4,2	0,960	0,921	0,884	0,848	0,814	0,781	4,2
4,3	0,959	0,919	0,881	0,845	0,810	0,777	4,3
4,4	0,958	0,917	0,879	0,842	0,806	0,772	4,4
4,5	0,957	0,916	0,876	0,839	0,802	0,768	4,5
4,6	0,956	0,914	0,874	0,835	0,799	0,764	4,6
4,7	0,955	0,912	0,871	0,832	0,795	0,759	4,7
4,8	0,954	0,911	0,869	0,829	0,791	0,755	4,8
4,9	0,953	0,909	0,866	0,826	0,787	0,751	4,9
5,0	0,952	0,907	0,864	0,823	0,784	0,746	5,0
5,1	0,951	0,905	0,861	0,820	0,780	0,742	5,1
5,2	0,950	0,904	0,859	0,816	0,776	0,738	5,2
5,3	0,950	0,902	0,856	0,813	0,772	0,734	5,3
5,4	0,949	0,900	0,854	0,810	0,769	0,729	5,4
5,5	0,948	0,898	0,852	0,807	0,765	0,725	5,5
5,6	0,947	0,897	0,849	0,804	0,762	0,721	5,6
5,7	0,946	0,895	0,847	0,801	0,758	0,717	5,7
5,8	0,945	0,893	0,844	0,798	0,754	0,713	5,8
5,9	0,944	0,892	0,842	0,795	0,751	0,709	5,9
6,0	0,943	0,890	0,840	0,792	0,747	0,705	6,0
6,1	0,943	0,888	0,837	0,789	0,744	0,701	6,1
6,2	0,942	0,887	0,835	0,786	0,740	0,697	6,2
6,3	0,941	0,885	0,833	0,783	0,737	0,693	6,3
6,4	0,940	0,883	0,830	0,780	0,733	0,689	6,4
6,5	0,939	0,882	0,828	0,777	0,730	0,685	6,5
6,6	0,938	0,880	0,826	0,774	0,726	0,681	6,6
6,7	0,937	0,878	0,823	0,772	0,723	0,678	6,7
6,8	0,936	0,877	0,821	0,769	0,720	0,674	6,8
6,9	0,935	0,875	0,819	0,766	0,716	0,670	6,9
7,0	0,935	0,873	0,816	0,763	0,713	0,666	7,0

Formule générale :

$$c = \frac{C}{\sqrt[n]{(1+r)^n}}$$

n est le nombre de mois.

VALEUR ACTUELLE DE 1 FRANC

Payable au bout d'un certain nombre de mois, escomptée aux différents taux ci-dessous.

TAUX p. 100.	1 MOIS	2 MOIS	3 MOIS	4 MOIS	5 MOIS	6 MOIS	7 MOIS	8 MOIS	9 MOIS	10 MOIS	11 MOIS	12 MOIS	TAUX p. 100.
	fr.	fr.	fr.	fr.	fr.	fr.	fr.	fr.	fr.	fr.	fr.	fr.	
4,0	0,997	0,993	0,990	0,987	0,984	0,981	0,977	0,974	0,971	0,968	0,965	0,962	4,0
4,1	0,997	0,993	0,990	0,987	0,983	0,980	0,977	0,974	0,970	0,967	0,964	0,961	4,1
4,2	0,997	0,993	0,990	0,986	0,983	0,980	0,976	0,973	0,970	0,966	0,963	0,960	4,2
4,3	0,997	0,993	0,990	0,986	0,983	0,979	0,976	0,972	0,969	0,966	0,962	0,959	4,3
4,4	0,996	0,993	0,989	0,986	0,982	0,979	0,975	0,972	0,968	0,965	0,961	0,958	4,4
4,5	0,996	0,993	0,989	0,985	0,982	0,978	0,975	0,971	0,968	0,964	0,960	0,957	4,5
4,6	0,996	0,993	0,989	0,985	0,981	0,978	0,974	0,970	0,967	0,963	0,960	0,956	4,6
4,7	0,996	0,992	0,989	0,985	0,981	0,977	0,974	0,970	0,966	0,962	0,939	0,955	4,7
4,8	0,996	0,992	0,988	0,984	0,981	0,977	0,973	0,969	0,965	0,962	0,958	0,954	4,8
4,9	0,996	0,992	0,988	0,984	0,980	0,976	0,972	0,969	0,965	0,961	0,957	0,953	4,9
5,0	0,996	0,992	0,988	0,984	0,980	0,976	0,972	0,968	0,964	0,960	0,956	0,952	5,0
5,1	0,996	0,992	0,988	0,984	0,979	0,975	0,971	0,967	0,963	0,959	0,955	0,951	5,1
5,2	0,996	0,992	0,987	0,983	0,979	0,975	0,971	0,967	0,963	0,959	0,955	0,950	5,2
5,3	0,996	0,991	0,987	0,983	0,979	0,975	0,970	0,966	0,962	0,958	0,954	0,950	5,3
5,4	0,996	0,991	0,987	0,983	0,678	0,974	0,970	0,966	0,961	0,957	0,953	0,949	5,4
5,5	0,996	0,991	0,987	0,982	0,978	0,974	0,969	0,965	0,961	0,956	0,952	0,948	5,5
5,6	0,995	0,991	0,986	0,982	0,978	0,973	0,969	0,964	0,960	0,956	0,951	0,947	5,6
5,7	0,995	0,991	0,986	0,982	0,977	0,973	0,968	0,964	0,959	0,955	0,950	0,946	5,7
5,8	0,995	0,991	0,986	0,981	0,977	0,972	0,968	0,963	0,959	0,954	0,950	0,945	5,8
5,9	0,995	0,990	0,986	0,981	0,976	0,972	0,967	0,963	0,958	0,953	0,949	0,944	5,9
6,0	0,995	0,990	0,986	0,981	0,976	0,971	0,967	0,962	0,957	0,953	0,948	0,943	6,0
6,1	0,995	0,990	0,985	0,980	0,976	0,971	0,966	0,961	0,957	0,952	0,947	0,943	6,1
6,2	0,995	0,990	0,985	0,980	0,975	0,970	0,966	0,961	0,656	0,951	0,946	0,942	6,2
6,3	0,995	0,990	0,985	0,980	0,975	0,970	0,965	0,960	0,955	0,950	0,946	0,941	6,3
6,4	0,995	0,990	0,985	0,980	0,974	0,969	0,964	0,959	0,955	0,950	0,945	0,940	6,4
6,5	0,995	0,990	0,984	0,979	0,974	0,969	0,964	0,959	0,954	0,949	0,944	0,939	6,5
6,6	0,995	0,989	0,984	0,979	0,974	0,969	0,963	0,958	0,953	0,948	0,943	0,938	6,6
6,7	0,995	0,989	0,984	0,979	0,973	0,968	0,963	0,958	0,953	0,947	0,942	0,937	6,7
6,8	0,995	0,989	0,984	0,978	0,973	0,968	0,962	0,957	0,952	0,947	0,941	0,936	6,8
6,9	0,994	0,989	0,983	0,978	0,973	0,967	0,962	0,956	0,951	0,946	0,941	0,935	6,9
7,0	0,994	0,989	0,983	0,978	0,972	0,967	0,961	0,956	0,951	0,945	0,940	0,935	7,0

TABLE DES MATIÈRES

PREMIÈRE PARTIE

Introduction

Obligations trois pour cent

Obligations diverses

SECONDE PARTIE

FIN DE LA TABLE DES MATIÈRES.

Corbeil, typographie et stéréotypie de Crété.

www.ingramcontent.com/pod-product-compliance
Ingram Content Group UK Ltd.
Pitfield, Milton Keynes, MK11 3LW, UK
UKHW020352180726
13839UKWH00003B/1046